Twilight of the Idols
Friedrich Nietzsche

偶像的黄昏

[德] 尼采 著
杨丹 陈永红 译

江苏凤凰文艺出版社
JIANGSU PHOENIX LITERATURE AND
ART PUBLISHING, LTD

图书在版编目（CIP）数据

偶像的黄昏 /（德）尼采著；杨丹，陈永红译. —
南京：江苏凤凰文艺出版社，2015（2022.5重印）
ISBN 978-7-5399-7867-3

Ⅰ.①偶… Ⅱ.①尼… ②杨… ③陈… Ⅲ.①尼采，F.W.（1844～1900）－哲学思想 Ⅳ.①B516.47

中国版本图书馆CIP数据核字(2014)第269263号

书　　　名	偶像的黄昏
著　　者	（德）尼采
译　　者	杨　丹　陈永红
责任编辑	黄孝阳　邹晓燕
特约编辑	聂　斌
文字编辑	汪　旭
出版发行	江苏凤凰文艺出版社
出版社地址	南京市中央路165号，邮编：210009
出版社网址	http://www.jswenyi.com
印　　刷	江苏凤凰新华印务集团有限公司
开　　本	880×1230 毫米　1/32
印　　张	8.125
字　　数	170千字
版　　次	2015年2月第1版　2022年5月第5次印刷
标准书号	ISBN 978-7-5399-7867-3
定　　价	32.00元

（江苏文艺版图书凡印刷、装订错误可随时向承印厂调换）

目 录

序　言　尼采的直言不讳（陶林）\1

第一部分　偶像的黄昏

前　言 \3

第一章　格言与剑 \5

第二章　苏格拉底问题 \15

第三章　哲学中的"理性" \22

第四章　"真实世界"如何最终变成寓言
　　　　——一个错误的历史 \28

第五章　作为反自然的道德 \31

第六章　四大谬误 \38

第七章　人类的"改善者" \48

第八章　不合时宜的漫步 \54

第九章　我需要感谢古人 \102

第十章　锤子说话 \110

第二部分　快乐的智慧(选译)

　　第一章　存在意义的导师 \113

　　第二章　无意识的德行 \124

　　第三章　最大的危险 \133

　　第四章　何谓生 \143

　　第五章　国王一天的时刻表 \152

　　第六章　越过人行天桥 \158

　　第七章　隔着一段距离去观察女人 \165

　　第八章　人们称之为爱的事物 \173

　　第九章　我们应该感激什么 \178

　　第十章　"但是,为什么你还要写作呢?" \188

　　第十一章　古代的骄傲 \199

　　第十二章　不受欢迎的信徒 \206

　　第十三章　要严肃地对待真理 \217

附　录 \225

代后记　新现代:一个人的文艺复兴和灵魂的黎明(陶林) \227

序言　尼采的直言不讳

陶　林

在读书求学的时代,我是一个标准的尼采迷,一度沉溺于尼采作品的阅读中难以自拔。那时候,受鲁迅先生的推荐,尼采在中国青年当中一度非常流行。不读尼采,无以装深沉,显示思想或文化。当然这跟尼采的哲学著作本身有关,它就有这个本领,一旦读进去,不管你有没有弄懂,它可以深深吸引你。很难想象,这样的事情会发生在康德、黑格尔的身上。这就是尼采的魅力,美学和文学的魅力,也是诗化哲学的魅力。

事实上,在我们跟风阅读尼采的时候,对尼采的了解仅仅限于"意志"、"超人"和"疯狂"之类肤浅与抽象的概念上,连教科书级的理解都谈不上。若说能读懂尼采,显然是一种妄谈。少小诵经,老大悟道。随着生活与阅历的叠加,特别是腾出心力来做专门的哲学思考之后,对尼采的亲和感却与日俱增。通过尼采,我可以得知,不同于编程序或者运算,哲思并非一件智能的事业,而是一项生命的事业,不是一项头脑的事业,而是一项灵魂的事业——此言甚玄,实乃吾心语心愿,且按下不表。在这篇序文中,我仅仅想和对尼采这个人以及哲思有兴趣的读者说说我是如何阅读尼采的。为节约起见，我们且以几个无解的问题作为渡筏，粗浅而概括地走入这位哲学家的世界：

第一个问题：观念是如何左右这个世界？ 我们知道，我们每个人目之所见的世界是极度纷繁芜杂的。我们所见之纷繁芜杂，与蚂蚁见蚁穴之纷繁芜杂别无二致。对于这种纷繁，有哲学家称之为"参差多态"。不错，我们的世界相当参差，仅目前的人类群体而言，构成人类群的数量级有六十亿之多，与这六十亿数量级同步的历史、事件、未来累积起来更是惊人。然而，这个惊人的数量，对于宇宙来说，依然还是有限的。因为我们所生活的空间目前还超不出这个小小的地球，我们生活的时间还超不出从过去到未来的这个时间链条。无论是这个空间，还是这个时间，都是可以测度，并总有限度的。这就是说，我们六十亿人的庞大群落，其实生活在一个极为封闭、有限的"小世界"中。这个"小世界"有限的天地，是我们的人间。"小世界"之外的领域，无论是时间，还是空间，我们只能说是"大千世界"，或者说"属于上帝的疆域"。

因为我们的时空实际上是很小的，并且随着人类生活技术的进步，它在变得越来越小。世界上有一个不可回避的事实，就是左右我们在这个小世界里生存的观念其实非常有限。事实上，亘古至今，都是很少部分的人在提供着人们对这个世界的观念，而大部分人只是随着生命的洪流向前生活。这并不是什么骇人听闻的事，也无需大惊小怪。人群乃是乌合之众，群体的智商其实为"零"。个人可能很明智，但集群起来，人群未必就比马群、象群、猴群或者奔跑的野牛群更明智到哪里去。因此，相比较于人群的盲从无知，耗上毕生精力专门提供世界观念的哲人就显得非常有意思——他们要做头脑的"罪犯"。

　　西方自苏格拉底以降,东方自老子以降,人类经历了几千年的历史,但观念的演变却并不如大家所认为的那么丰富。以我个人看来,世界观念史的更迭非常简单:上古的人们认为世界很不确定,决定这个世界的"神"是多种多样的,可能是太阳神,可能是火,可能是水,可能是气,可能是太极,可能是奥林匹斯山上的居民或者万物之灵等等;到了诸如苏格拉底等第一代哲人出现以后,在人们看来世界更加不确定,决定这个世界的"神"逐渐变得唯一。这一过程非常漫长,但非常重要。在"一神"的时代,人们确立了秩序、等级和走向"神"的"道"。无论这个"一神"的面孔是什么,诸如上帝、佛陀、基督、安拉、真理、乌托邦、科学、金钱、权力、"道"或者儒家式的人间生活等等,"一神"所系,人无旁骛。以"一"为核心,人们各安其所。但这并非历史的必然,在十九世纪末期,随着世界级大战的酝酿,在人们观念中确凿的"一神"世界开始全线崩溃,世界的真相渐渐无疑地袒露出来。

　　也正是在这个关键点上,尼采横空出世。他像任何文明中出现的先知一样,在常人眼中,尽说疯疯癫癫、不知所云的话。这些话或者是假借一种学术探讨(如《悲剧的诞生》《希腊悲剧时代的哲学》),或借助异教先知之口(如《查拉图斯特拉如是说》),顽强地陈述他一个人对世界若干直观而明了的意见。到了最后,随着疯癫疾病的侵扰,尼采索性抛开一切文化的负重,畅快淋漓地道出他的判断。而这部《偶像的黄昏》正是他生命最后阶段的产物。这个疯狂哲学家特立独行的酷酷感觉,还有他狂妄自大的文字,因为颇富有浪漫主义的文采,便在全球得以印行,颇受广大文学青年们喜欢。然而,那些论断式的、毫无逻辑的、散发着个人气质的句子,难道有咒语一般的魔力,能像他自谓的那样,如锤子般砸入人们的观念世界么?

第二个问题:支配着世界的究竟是什么力? 我们知道,在远古的多元时代,人们普遍接受一个"多神"支配着的世界,虽然大家观念各不一致,但除了争夺自然资源、财富之类的本能冲突,很少有大规模观念冲突。原始的多元,并不因人们是文明的,相反,是因为人们是愚昧的,维系人群间隔的是"无知之幕",因为无知,这个小世界看来是无限的,人们对之是谦卑的,暴力是有限的;随之的"一神"时代降临,世界渐渐变小,变得有限,人人争当"神"之代理人,争求天上地下、唯我独尊;因为对"一神"世界一统天下的向往,人们开始了融合与远征。或许,说到底不是哪一尊神或者是哪一种真理支配着世界,但求"一"之心成为普遍观念。一个上帝、一个基督、一个真主、一尊如来、一门孔教、一个真理、一种绝对精神、一位领袖……人们热衷于确立关于这个小世界里唯一主宰力量的拥有权。与此同时,笼罩在这个小世界的"无知之幕"在人们头顶徐徐拉开。人们乐意把这一过程称为"征服自然"的过程,这又一语道破了走向"一"的唯一力量:暴力。

不错,万事万物万人若要尊于"一",没有什么比暴力手段来得更直截了当的。暴力是人群间的万有引力,是自然力在人类群落中的衍生。人的任何智能性的本领需要艰难习得,唯独暴力与生俱来。人们号称"征服自然",其实就是用暴力对待这个小世界。人们要在人群中确定尊卑高下,确定长幼秩序,确定身份与地位,确立族群、国家、阶级的区分,其实就是用暴力切割彼此差别微乎其微的人群。甚至,人们要教会彼此尊于同一个神、认同一个真理、服从一个领袖等等,只需要掌握的棍子比对方粗就成了。所以说人类定于"一"的过程,与其说是文明进化史,不如说是一部暴力的进化史。故而,黑格尔毫不掩饰地说,恶是世界运转的驱动力;马克思更确信国家就是一部暴力机器。

人类花了数千年的时光力图驯服暴力,为之付出高昂的代价,所获却是微乎其微。因为暴力是人的自然性,跟行星循环、地球板块运动一样,是一种漩涡性运动,循环、轮回。有哲人把这一过程称为人类文明的四季,文化春夏秋冬的循环。而尼采把这一过程命名为"永劫回归",他自认为是狄俄尼索斯的先知,复兴希腊在苏格拉底出现之前的生命力。众所周知,基督教在西方的兴起,原是孱弱的民族、民众为了驯服罗马帝国的伟大暴力而生。但一旦它跨上暴力的骏马,其暴力程度,有过之无不及。较之希腊,罗马帝国虽腐败,可还算得上一个人间帝国,但中世纪以后的西方世界,却是个标准的地狱帝国。信仰与道德,通过权力转化为暴力的效率惊人。然而,比之更高效的,是随之而来的技能的进步。

技能是方法、手段、行为、实践。人是一种很有趣的动物,自身的手段远比自己的认识更多元。与观念相比,人类行为的变化实在是多姿多彩得出奇。但大概出于一种自我审视的乐观和顽固的自负,人从来都是重观念而轻技能。对于大众,观念发展的丰富程度远不及技能的丰富性,这使得暴力像病毒一样在人群中无限滋生。当暴力竞争完美地促进着人的技能达到制造核武器这样的顶峰,否极泰来,人们才恍然想到,暴力其实解决不了任何问题——当然这是后话了。对于一生都活在十九世纪的尼采,当时为暴力所支配的世界看似一片蓬勃,这位先知敏锐的感受,就是来自于对"一神"而暴乱世界的恐惧。

第三个问题：没有上帝的世界可怕，还是没有真理的世界可怕？ 我说暴力是自然力在人群中的延伸，犹如宇宙之万有引力，有简单化人类社会生活之嫌疑。但在"一神"世界里，它的确还真不复杂。比之更早的多神的时代，在"一神"世界里掌握人群要高效得多。掌控一个自由思考的人会很复杂、很繁琐，而要掌控一大群人，往往非常容易得手，只要向人们宣布，吾为神，或者吾为神之唯一代理即可。思想的暴力远比肉体的暴力隐蔽得多，但并不比之深邃到哪里去。这点先于尼采的诸多哲学家，诸如帕斯卡尔等人，都有深刻洞见。汉娜·阿伦特一言以蔽之，众人皆被平庸无奇的恶所左右，在各人自以为是的善中走向暴力。

若要问我尼采面对"一神"而暴乱的世界到底做了什么？答案是很简单的三件事：思想、写作和发疯。

对于尼采，犹如圣父圣子圣灵，这三者真是"三位一体"的。在当时的欧洲大陆，"一神"也有三重面孔：作为信仰力的基督教、作为真理力的启蒙理性、作为技能力的科学。这三者貌似互相冲突，但其实也是三位一体的。真神、真理与真能，在人们头脑中渐渐树立起坚固的观念来（有个词语叫做"意识形态"，可一言而概括之）。真神世界，是传统的基督教—上帝世界；而科技世界则静默无声，以点滴而显著的发展来改变世界。唯独真理世界最为暴烈，它融和、改造了"真神"，充分利用了科技，把暴力转化为革命，逐渐成为世界的主宰。在一片叫"真"的权威声音中，只有类似叔本华这样的富二代公子，或者斯宾格勒这样自负却不入流的中学老师，才会偶尔爆发些别样的意见。

我们所知，主宰十九世纪德国观念世界的主流哲学家，是古典主义哲学诸大家们。之所以称他们为主宰，不仅仅因为古典哲学完全在理,也因为它人多势众,并且有股子真理在握、天下谁雄的学霸味道。这些哲学家包括康德、费希特、谢林、黑格尔、费尔巴哈乃至马克思。这支队伍里,有两位集大成者,康德和黑格尔,还有一位自负了得的人类未来的规划者——马克思(他的学说左右了二十世纪几十亿人的命运)。自马克思之后,他宣布比思考世界更重要的,就是动手对付世界。所谓德国古典哲学,就是"真理"取代"真神"的过程,各种冠以科学之名的社会理念不过是真理神的一副确凿面孔罢了。

尼采自称是一个"敌基督者"。他很不讨基督教神学诸派的喜欢,但似乎神学家们从没有能很好地理解尼采的悲悯。学者刘小枫先生喜欢用读经的方式来阐释尼采的"微言大义",然而,我却发觉尼采好阐述大义,可从不喜欢用"微言"。他坦言道:"最粗鲁的言语、书信都要比沉默更温和而诚实。那些保持沉默的人,差不多经常是缺乏内心的精细和雅致的。沉默是种令人讨厌的东西。"相比较同时代的思想家们,他直率得无以复加。他直言不讳道:"完全真实的世界是不可达到的,不能证明的,无法承诺的。"

相较于德国古典主义哲学家们,如康德、黑格尔,尼采却是一位正经的古典学家,他精通自古希腊以来的哲学典籍。他研究古希腊悲剧,提出日神精神与酒神精神等等,显得非常有创见。也因为如此,尼采似乎有点厚古而薄今。"薄今"这一点上,尼采是直言不讳的,他花了很大的笔墨批评他的时代,提出要"重估一切价值",要像铁锤一样把时代放在砧板上敲打。但那种批评完全是个人意志和兴趣方面的,一股子"我就是不喜欢这世道"的偏执。尼采的"厚古"则偏重于古希腊。作为一个近代人,他当然知道古希腊的实际生活与当下的差距,但他还是在审美感官上,高度赞赏古希腊。原因无他,他喜欢希腊的众神,而视自己为"一神"的泛基督教文化的大敌。

我们普遍知晓尼采,是因为他提出一个著名的"上帝死了"的命题。这个命题实质是,"一神"信仰崩溃了,世界将如何?而事实上,"上帝"自然不会死,若个人选择信仰上帝,上帝就活着。但劫持着上帝、携神之名号令众人的暴力和权力会死。与之类似的,当启蒙理性战胜了信仰,把"真理"推到上帝的位置上时,暴力同样会借用"真理"之名奴役众人。尼采的所见,正是那个新旧"一神"交替的关口。他的思想和写作,因此变得很独特,他不希冀通过逻辑讨论的办法推导出反驳真理的真理(用更真、更强大的暴力驳倒对方),而把思考付诸在论断、格言和诗性的表达上。于是,跟曹雪芹在《红楼梦》中所写的贾宝玉一般,他显得如疯似癫,他很希望真理也随着上帝一起死去,他在呼唤"超人"。可他所说的"超人",又是怎样的人?

第四个问题:我们怎样去读懂一位哲学家?我们知道,尼采在最后发疯了。作为一个病人,他中年以后,就不断为疯病困扰。他的疯狂是家族遗传因素,也有社会文化因素。从家族遗传这方面来看,尼采的疯狂属于"宿命",属于尼采自己认定的"永劫轮回"。他的疯狂是一个渐深的过程,从社会文化角度,促成尼采发疯的事件很耐人寻味:1889年1月3日,在都灵的卡尔洛阿贝尔托广场,尼采外出散步时,看见一个马车夫在残暴地鞭打一匹马。尼采又哭又喊,扑上前去抱住马脖子,大叫:"兄弟啊,我的兄弟!"于是,他开始精神错乱了。1891年,尼采在写完他的《查拉图斯特拉如是说》后,疯癫越来越严重。此后,他虽然还生活了十年,但神志越来越错乱,常常不断地大声胡说,并写了许多谁也看不懂的古怪离奇的信。他分不清钱币的面值,以至于用金币去购买便宜的蛋糕等等。

从历史文化来看,尼采的疯癫则有别样的寓意:他目睹了作为弱者的马匹受虐,看到了世界在暴力之下的无能为力。我们知道尼采是不喜欢基督教的,称之为"奴隶的道德";他也攻击当时宣扬社会主义的人,是"贱民的世界"等等。与个性有关,他是一个相当自大,并有点偏执狂的人。他所有的这些"狂妄"的说法,实际上都被致使他疯狂的行为给抵制掉了。尽管尼采一直宣称自己崇拜强人,宣称自己是"太阳"而鄙视弱者,宣称"有什么东西比恶行更有害?主动地怜悯一切失败者和弱者"。但实际上,尼采深怀着无比巨大的怜悯之心,这匹遭到虐待的老马,便是他心中怜悯的化身。由此可见,尼采的狂妄自大,仅仅是出于极度自卑与怯弱的夸张表现,正如他谈论女性时过于轻率,完全是因为欲爱而不得的恨言。只有在一个暴力横行的社会里,怜悯老马、称之为"兄弟",才会被世人看成疯狂的标志。而在今日,尼采的举动,无疑会引来一大群动物保护主义者们的惜惜应和。故而,从这个意义上来说,临终前不久写作《偶像的黄昏》的尼采,完全是宣告了暴力的"一神"世界及相应西方文明的黄昏。他呼唤"超人",呼唤能照亮黑夜的那些人。

尼采的"超人"是谁?我们知道,尼采的部分说法后来为法西斯德国所利用,来宣扬国家意志。有人因此误解尼采是法西斯主义者的先驱。这当然是极大的误解,尼采不喜欢嘴上宣称"社会主义"的人,他直言不讳:"我最痛恨社会主义者那种贱民,他们是下等民众的使徒。这类人摧毁了本能、快乐和工人对自身卑微地位的满足感,他使他们妒忌,教他们报复,错误的根子绝非不平等的权利,而是对平等权利的主张。"——"贱民"是尼采最喜欢用的词,在他的道德谱系学中,犹如孔子口中的"小人"。如此,他对号称"国家社会主义"的纳粹党,自然更不以为然。倘若他能见上希特勒一面,一定会惊呼:"世无英雄,遂使贱民得手。"若回到尼采的时代,那是普鲁士—德意志帝国通过暴力走向统一、融合的时代。但在尼采看来,德国的强大,仅仅在暴力意义上,而文化上则日渐颓败、河山日下,"德国越来越被视为欧洲的浅薄之国。"相反,他认为法国"作为文化国家赢得了另外一种重要性"。

人们常误解尼采好讲"权力意志",事实上尼采是个有诗人情怀的哲学家,受自己所推崇的帕斯卡尔(他称之"唯一真正的基督徒")影响,对权力敬而远之。帕斯卡尔曾说过政治是哲学家的唾余,人在政治中是一个极其荒唐的动物,比如人们选择一位船长是可以慎之又慎,但选择掌握生杀予夺大权的政治首领时,却天然认为国王就该把王位传给王子——这是标准的荒诞。可权力和暴力还是如此吸引着人们,包括智者们。与尼采同时代的哲学家,要么选择为神服务,要么选择为真理献身,酝酿诸如"绝对精神"、"伟大真理"之类的观念,要么干脆转身参与到世界的暴力变革中。唯独尼采喜欢一个人对着世界喃喃而语,就算他自吹自擂,就算他疯言疯语,他总是一个人。在《疯狂的意义》中,尼采一再强调要年轻人"成为你自己"。而在他发疯的日子里,念念不忘的一句话就是:"我是如此如此的一个人,千万不要把我同任何其他的人混在一起!"相对于没有"个人"存在空间的专制的军国主义德国,尼采更召唤"一个人"的出现,意义之重大,至今仍令人深省。

尼采反感基督教哲学,自康德因道德需要保留"上帝"之后,"真神"完全成为一种道德暴力的代表;尼采也反感自苏格拉底、柏拉图以降的西方智者,反感他们所宣扬的理性、智慧、辩证法等等;故而,尼采更不喜欢启蒙理性,启蒙思想家如卢梭、康德等,他都甚不以为然,比如他谈论:"卢梭,这个人集第一个近代人、理想主义者和贱民于一身……我所痛恨的,是卢梭式的'道德'。"在他看来,这些人之所以不讨人喜欢,都有一种理智上、认识上真理在握的自负,完全是一种"贱民"——"真理"者乃是自然所属,就算人有发现,也不可能为少部分人垄断。所以,动辄诸如"放诸四海皆准",或是"不自能明的普遍"的真理,并非言大,而是言人心之小。以小人之心,或者尼采津津乐道的"贱民"之心,去劫持真理君临天下,将会累积一个非常庞大的暴力,将会酝酿非常可怕的灾难。

这个灾难的现实形象化,就是被马夫抽打、虐待的那匹老马。它让尼采陷入了绝望,并为之疯狂了,非常需要一个"超人"的出现来拯救世界,有非凡的意志、日神和酒神的精神、强大高贵的灵魂,能够力挽狂澜。他找不到这个"超人",并坦陈自己并不是那种"超人"。但他把这一切寄托在疯狂这个人性的悲剧上,为此,他直言不讳:"艺术的价值高于真理。"

第五个问题:我们从哲学家那里获得什么? 我以为,整个二十世纪的历史,人类花了漫长百年、极为巨大的代价,其实就是再现了令尼采发疯的那些个问题。以欧洲为中心,中世纪以降,真神带来的道德暴力固然很大,当人造的真理替代了上帝的位置之后,真理带来的理性暴乱则血腥得无以复加。尼采一直被号称执掌历史潮流的人宣判为"反动"。他也的确是反这一历史潮流而动的,尼采直面手持真理木棍的众人,大声呼喊的"这一个人"、"一个超人"注定是不存在的。"那个人"只存在于尼采的激情之中。他的激情,是要为日渐因理性而冰冷的德国社会和西方世界"补情"。然而,在众人的千呼万唤中,德国只产生了一波一波的争战与革命,之后杀人无数的大独裁者希特勒顺应潮流而生。紧接着,全德国都发了疯,像木棍一样抽打世界,也像马匹一样被抽打——到这里,尼采的悲剧,未尝不是历史的悲剧。

有趣的是,尼采所首倡的"超人",在一派天真的美国梦中活得挺滋润,藏身普通人的日常生活当中,背负着"能力越大、责任越大的"信条,冒着不时被民众起诉、绳之以法的危险,在好莱坞的大屏幕上乐悠悠地飞来飞去、救苦救难。名义上拯救世界以危亡,实则娱乐大众。或者,这就是尼采所设想的解决方案的一道风景。这位受陀思妥耶夫斯基影响极深的哲学家,高声宣扬用艺术和美来拯救世界,"超人"不过是他心中一部美好的诗篇,技术很快就把它变成了一份快感。

事实上,在一个人的世界里,上帝不会死,真理不会死,只是作为哲学家的尼采死了。在一个人之外的世界里,人类的技能之神逐步代替了真理之神。与上帝和真理相比,科技的兴起貌似更为中性,它对暴力的管控更为科学化,技术神及相关思想者的兴起,托管了宗教领袖和启蒙哲学家们经营的观念疆域。他们可以是精明的商人,可以是非常有手段的技术官僚,可以是叱咤风云的企业家,可以是各个领域的"专家"。在求"真"的世界里,真实的暴力将一切定于"一"。然而,技能之神用选票唤醒了暴力之外的价值,那些曾经被视为无数"零"的乌合之众的价值。毫无疑问,"一"与"零"的二进制,终结了欧美的二十世纪。如同原子弹爆炸宣告了"一神"达到了历史终结的顶峰,"一"与"零"二进制所运行的电脑的发明,则宣告了人类历史终结之后的新进程,人类在毫不迟疑地迈向一个"一与多"的时代。

自存在主义、弗洛伊德等人接茬尼采等哲学家的现代非理性思潮后,特别是经历了两个顶级暴力集团开始的"冷战"对峙,人们的观念的确经历了严冬。人类观念的历史非常缓慢的进程,被纷繁的眼花缭乱所替代。尼采那一代哲人"美拯救世界"的希望,突然又变成了"娱乐至死"。在技术神的指引下,世界在变平,但是否变得更美?如此,世界不会在巨大的硬暴力中"轰"的一声毁灭,会不会在嘻嘻哈哈软暴力的"嘘"声中无影无踪呢?这些问题,越想越复杂,越想越令人困惑,显然,不会在这一篇小序文中能得以答复。

时过境迁,我们读尼采,究竟想从这位哲学家那里获得什么?我们闲来有心去阅读哲学家言,既不为长知识,也不为学技能,或许只是喜欢读读、喜欢瞎想,也或许只是为从日常中逃逸,体验一下深沉。对之,我想起一个非常中国的古典的说法,其实要"开天眼"。"开天眼"对于一个人来说,是否很难,很有必要?以我看来并不难,也并不神秘。只要像尼采那样,真实关心一下自己的生存困境,坚持个人的意志、自由与思考,总会有所得。至于必要性,这个实是因人而异。

《偶像的黄昏》这部书,预告了"一神"时代的黄昏,但并未远见多元复兴的黎明。尼采毕竟只是尼采,而非神。我们不要忘记,正因为世界的多元并存,世界诸国从"唯一"到"一与零"、"一与多"的进程各不相同,全球走出"二十世纪"的进程也各不一。我们的时代,面临的问题并不比尼采所面临的更为轻松。

《偶像的黄昏》一书,邀请到杨丹老师进行翻译。她是尼采的同行,一名优秀的大学外文教师。她和她的学生匡婷、卫梦琳、王凯强共同努力,能让读者充分感受到尼采这位文法卓越的哲学大家的魅力。为了丰富大家对尼采的理解,在《偶像的黄昏》一书之后,还特意邀请陈永红女士担纲翻译了《快乐的智慧》一书的精华部分。这两部书在精神气质上,有内在强烈的联系。尼采从严整的论证式写作,跳跃到格言、箴言式的书写,标志着他从卓越学者到思想大师的变迁。

2013 年 12 月 24 日

第一部分

偶像的黄昏

前　言

　　面临巨大责任并能在郁闷中保持愉悦的心情,这可不是一件简单的事;然而,什么比愉悦的心情更重要呢?如果不能纵情享乐,一个人终将一事无成。力气过多才能证明你的力气。

　　重新评估所有的价值观,这个问题太复杂,范围太广了,以至于都给提出这个问题的人留下了阴影——每当想要摆脱一件非常非常严重的事,这个任务的命运在于迫使他奔向光明。所有的方法对此都有效;每个"事件"——幸运的事件。尤其是,战争。战争一直都是所有过于内向和深邃的人的伟大智慧,受伤了也有力量治好。长久以来下面这条箴言都是我的座右铭,我拒绝给这条箴言的来源赋予学术性的好奇心:精神振作,精力在受伤中增加。

　　另一种恢复的方式——在某些情况下我更喜欢——探听偶像的底细。生活中偶像比现实多多了,那是我邪恶的眼睛,也是我邪恶的耳朵。用铁锤提出问题,也许人们听到的答复就是从肿胀的内脏中发出的那种沉浊之音,这对耳后有耳的人来说是多么高兴的一件事。对我这个年老的心理学家,同时也是一个花衣魔笛手来说,在有人保持沉默之前,我必须直言不讳。

这本书——标题表明——首先是场消遣,是一缕阳光,转向一个心理学家的懒散。又有一场新战争?探听新偶像的底细?这本书是一份战争宣言书。关于偶像,所指的不只是这个时代的偶像,而是永恒的偶像,用把铁锤或音叉就可触及。再也没有比他们更年长、更令人信服、更自负的偶像,再也没有更虚伪的了。但这并不阻止他们成为人们最信任的人,也不阻止人们称他们为"偶像",尤其是重要的场合。

1888 年 9 月 30 日于都灵,《重估一切价值》第一卷完稿

弗里德里希·尼采

第一章　格言与剑

1

懒惰是所有心理学的开端。什么？心理学是一种恶习吗？

2

即使是我们当中最有勇气的人,也很难对他知道的事有确切把握。

3

亚里士多德说,独立生活的个人,不是野兽,就是上帝。漏掉了第三种情况:必须同时是二者——哲学家。

4

"所有的真理都很简单。"这难道不是个双重谎言吗?

亚里士多德说,独立生活的个人,不是野兽,就是上帝。漏掉了第三种情况:必须同时是二者——哲学家。

5

我对许多事情永远不想知道。智慧限制了认识。

6

生活在自然中,而我们从非自然,从精神世界获得了最大的快乐。

7

什么?人是上帝的错误?还是上帝是人的错误?

8

来源于生活的学问:没有能够打败我的,使我变得更强大。

9

帮助自己,别人也会帮助你。邻里之爱的准则。

10

面对自己的行为毫不懦弱!不厌弃自己的行为。缺少良心是不道德的。

11

傻瓜会不幸吗?在压力下死亡的人,既不会去忍受也不会摆脱压力。这是哲学家研究的。

12

如果我们知道自己生命的意义,我们将会处理好任何事情。人们不会以追求幸福为目的,只有英国人才这样。

13

男人创造了女人,为什么呢?因为上帝的肋骨,用他"想象"的肋骨。

14

什么?你在寻求?你想有十个、一百个自己?你寻求追随者?追求很多个零?

15

死后的人——比如我,比起适时的人更难被理解,但更好地被倾听。更准确地说:我们从未被理解——我们的权威由此而来。

16

女人说道:"真理?喔,你不知道真理!它难道没有尝试扼杀我们所有的羞耻心吗?"

17

这是位艺术家,我很喜欢艺术家,他克制着自己的需求。实际上他只要两样东西:面包和艺术。

18

不知道如何把意志加到物质中的人,至少学会在物质中加入意义:这意味着他有信念,他遵循了意志(信念的准则)。

19

怎么?你选择了美德和骄傲的内心?你羡慕地盯上他们的利益而不带任何疑虑?然而,有德之人放弃利益。(写在反闪米特人门上的字。)

20

完美的女性从事文学,就像是犯了一个小小的错误:行动过程中环顾四周,看看是否有人注意她——而且保证确实有人注意她。

21

冒险进入各种境地,人们不可能有任何虚假的品德,就像走钢索的人在绳索上,不是站立就是倒下——或者,直接离开。

22

"恶人不会有歌声。"怎么会这样?俄罗斯人有歌吗?

23

"德国精神":毫无疑问,对过去的十八年进行反驳。

24

为了追根溯源,一个人变成了螃蟹。历史学家往后看,最终他也信仰以往的一切了。

25

满足感帮助人打败寒冷。一个知道自己要精心打扮的女人会得感冒吗?我在假设她根本就没穿衣服。

26

我不信任所有的分类者,我也尽量避开他们。追求体系的意志是缺乏正直的表现。

27

女人被认为是有深度的。为什么呢?因为她们从不彻底了解她们的深度。女人们不曾肤浅。

28

一个女人有男人的德行,男人会受不了;如果没有男人的德行,女人们自己又受不了。

29

"从前良心要咀嚼多少东西?需要多么坚固的牙齿?今天呢?又缺乏什么?"一个牙医的疑问。

30

人难得只犯一次错误。第一次犯错误时他总是做得很过分;当他第二次犯错误时,就不及上一次过分了。

31

蠕虫被踩后蜷曲,这是明智的。这样做就减小了继续被踩的可能性。用道德的语言就叫:谦逊。

32

对说谎和假装的憎恨,出于一种敏感的敬意;也源自怯懦,谎言被神圣的诫命所禁止。太胆小以至于不敢说谎。

33

幸福所需要的东西很少!一支风笛的声音。没有音乐,生活就是个错误。德国人甚至想象上帝也在唱歌。

34

除非坐得真正的好,否则我不会思考,也不会写作(福楼拜语)。——我抓住了你,虚无主义者!久坐不动,是反对神圣精神的罪。只有散步得来的想法才有价值。

35

在某些场合,我们心理学家就像马,焦躁不安。我们看着自己的影子上上下下。心理学家必须把目光从自己转移到别处。

幸福所需要的东西很少！一支风笛的声音。没有音乐，生活就是个错误。德国人甚至想象上帝也在唱歌。

36

我们非道德主义者是否在损害世界的美德？就像无政府主义者带给君主的麻烦一样少。只有当君主被行刺后,他们才能够再次登上王位。道德:人们必须遵行的,是次一级的道德。

37

你跑在前面？作为牧羊人？还是作为特立独行者？第三种情况是逃亡者。第一个良心问题。

38

你是真实的吗？还是只是个演员？一个代表？又代表了什么呢？最终,可能你只是演员的一个复制品。第二个良心问题。

39

失望者的话。我搜寻伟人,我找到的始终是理想的猿猴。

40

你是个旁观者,还是个行动者？还是个看看就走的逃避者？第三个良心问题。

41

你想沿着这条路走,还是往前走？一个人走？一个人必须知道自己想什么,这样他才能想。第四个良心问题。

42

那些是我的台阶,我拾级而上:最终,我跨越了它们。但它们认为,我只是想征服它们。

43

若我仍是对的,会发生什么。我太对了。今天,笑得最好的人也将笑到最后。

44

我的幸福公式:一个"是",一个"否",一条直线,一个目标。

第二章　苏格拉底问题

1

关于生命,所有时代最具智慧的人看法相似:它并不是个好东西。无论何时何地,人们总能从这些智慧人的口中听到同种声音——充满怀疑,充满惆怅,充满对生活的疲倦,充满对生活的抵触。甚至苏格拉底死时也说:"生活,就意味着长时间处于病态:我欠拯救者阿斯克勒庇俄斯一只公鸡。"连苏格拉底也厌倦了生命。这是为什么呢?这又能表明什么?以前人们会说(——噢,确实有人说过,足够响亮,特别是我们这些悲观主义者):"至少有一些事肯定是真的!圣人们的一致态度为真相提供了证明。"我们今天还应该这样说吗?还能吗?我们反击:"这里肯定有一些东西是病态的。"这些所有时代的最具智慧的人们——他们应当首先做个仔细的检查。是不是全都站不稳了?老了?步履蹒跚了?颓废了?或许智慧出现在世上,就像一只闻到腐臭味而兴奋的乌鸦?

15

2

我第一次产生这样不敬的想法——这些伟大的圣人是衰败的典型,是在所有博学的和无知的偏见都强烈反对他们的场合。我把苏格拉底和柏拉图看成衰落的迹象,希腊解体的工具,伪希腊人,反希腊人(《悲剧的诞生》1872)。我更深地理解了,这些圣人的一致态度,不能证明他们所达成的一致意见都是正确的:这态度反而表明这些最具智慧的人,在生理需要方面达成一致,因此采用了同样悲观的方式对待生命,也必定采用这种方式。关于生命的判断,价值判断,无论赞成或反对,最终将不可能成真:它们仅仅拥有作为征兆的价值,它们值得作为征兆而被考虑,有些判断是愚蠢的。人必须不顾一切伸出双手,全力以赴抓住这惊人的技巧,生命的价值不可估量。生命的价值不能由活人来估量,因为牵涉到他们的利益问题,永远只是争议的对象,而并不能作为裁判。也不能由死人估量,这是因为另一种原因。一个哲学家,如果总是把生命的价值看做问题,就应该对他提出异议,对他的智慧提出疑问,认为他是非智慧的。事实上呢?所有这些伟大的智慧家,他们都是衰败者,而且毫无智慧可言?让我回到苏格拉底的问题上来。

3

就其出身,苏格拉底属于下层阶级。他是平民。我们了解,也看到过苏格拉底有多丑。然而丑陋本身就存在异议,丑在希腊人中几乎是个反证。苏格拉底是希腊人吗?丑通常是通过杂交而成长受阻的标志。或者,所展现出的,正是衰退的发展。犯罪人类学家告诉我们,典型的罪犯是丑陋的:容貌畸形,灵魂畸形。但罪犯是颓废的,苏格拉底是典型的罪犯吗?至少这不会被观相家的著名判断所否定,这听起来冒犯了苏格拉底的朋友们。一个懂得看相的外邦人经过雅典,看过苏格拉底的面相后,说他是个怪物,有着一切恶习和欲望。苏格拉底回答道:"还是你懂得我啊,先生!"

4

不仅已承认的天性的放纵和混乱,表明了苏格拉底的衰败,逻辑能力的增强以及使他出名的对佝偻病的讽刺,也表明了这一点。我们不应该忘记那些幻听,像"苏格拉底的恶魔",都从宗教意义上加以解释。苏格拉底的一切是夸张的,滑稽的,讽刺的;同时,一切又是隐蔽的,不明的,秘密的。我试着理解苏格拉底的等式,最怪诞的等式:理性=美德=幸福,这个等式同早期希腊人的所有天性完全相反。

5

因为苏格拉底,希腊人尝到了支持辩证法所带来的改变。究竟发生了什么?首先,高贵的品位被征服了;有了辩证法的平民占了上风。在苏格拉底之前,文明社会拒绝辩证法思维;它被视作无礼,它使人妥协。年轻人则受到警告,反对辩证法。甚至,个人理性的展现都不被信任。就像老实人,真货不需要证明自己的合理性,伸出五指是不礼貌的。必须首先要证明清楚的,通常没什么价值。无论在哪,只有优良品性还有威信,只要人们不给理由,而是发布命令,辩证法就是个丑角:有人笑他,不认真对待他。

苏格拉底是个使人认真看待自己的丑角:那儿究竟发生了什么?

6

人们只有在别无选择的情况下才会选择辩证法。他知道,辩证法会带来不信任,辩证法缺乏说服力。没有什么比辩证法效应更容易消除:每次演讲大会的经验都证明了这一点。它只为没有其他武器的人自卫。在使用辩证法前,一个人必须强行获得他的权利。犹太人是辩证法家,列那狐是辩证法家,苏格拉底不也是辩证法家?

7

苏格拉底的讽刺是否是一种反叛的表现?是平民的积怨?像受压迫民众一样,他是否在三段论的冲击下享受着自己的凶猛?他会向他着迷的贵族报仇吗?辩证法家手中有无情的工具;一个人可以利用它成为暴君;有人妥协,有人征服。辩证法家向对手证明,自己不是个白痴:他使人愤怒的同时,也使人无助。辩证法使得智者的智慧变得毫无用处?事实呢?对苏格拉底来说,辩证法只是一种复仇的形式吗?

8

我已经说明,苏格拉底如何令人厌恶:因此更有必要解释他的魅惑。他发现了一种新比赛,成为雅典贵族圈里的首位击剑大师,这是一点。他激发希腊人的竞技冲动,以此迷住他们——他给年轻男子与少年的摔跤比赛带来新规则。苏格拉底也是个好色之徒。

9

但是,苏格拉底猜到的更多。他看穿了雅典贵族;他知道,他的情况,他的特质已经不再特殊。同样的衰退在每个地方悄然滋长:年迈的雅典正走向终结。苏格拉底意识到,整个世界需要他——他的方法,他的治疗,他的自我保护的个人技巧。本能到处于混乱的状态,人距离纵欲只有一步之遥:灵魂的凶兆已是普遍的危险。"冲动想成为暴君,人们必须发明更强大的反暴君。"当这位面相家挑明,苏格拉底是一切恶习的洞穴之时,这位伟大的讽刺家说出了另一句话,为我们了解他的性格提供了钥匙。他说:"是的,但我要成为一切的主人。"苏格拉底怎样成为自己的主人呢?他的情况几乎是最极端的案例,是最初普遍危难中最惊人的例子:不再有人是自己的主人,人们凭借着本能互相挤压。作为极端例子,他有自身的魅力。他那使人害怕的外貌向所有看得见的人表明:当然,他作为答案,作为解决方法,作为此病例表面治愈的现象,更有魅力。

10

若有人发现有必要把理性变成暴君,就像苏格拉底所做的那样,那么危险必然不容小觑,其他东西都有可能成为暴君。合理性被视为救星,苏格拉底和他的"病人"都不能自由选择理性:这是严格规定的,是他们最后的手段。整个希腊思想都疯狂地迷恋理性,这就陷入了绝望的境地:危险重重,只有一个选择,不是毁灭,就是荒诞地理性。从柏拉图之后的希腊哲学家们的道德主义都是有病理根据的,对辩证法的尊重也是如此。理性=美德=幸

危险重重,只有一个选择,不是毁灭,就是荒诞地理性。

福,这意味着人们必须效仿苏格拉底,用永恒的白昼——理性的白昼,驱散黑暗的欲望。人们必须不惜一切代价使自己变得聪明、清楚、明白:任何对本能的妥协、对无知的妥协都会走向瓦解。

11

我已经说明苏格拉底是怎样迷惑众人的:他似乎是个医生,又似乎是个救星。是否有必要继续说明他的信条"不计代价追求理性"中的错误之处?如果哲学家和道德家认为,他们与颓废作战就能摆脱颓废,这是自我欺骗。摆脱颓废依赖于自身的力量,他们所选择来拯救的手段本身也是一种颓废的表现手段;他们改变了颓废的表现方式,却没有摆脱颓废本身。苏格拉底是个误会;整个改善道德的社会,包括基督教社会,都是一个误会。炫目的白昼、不计代价的理性、生命、明亮、寒冷、谨慎、自觉、没有本能、反对本能——这些都是疾病,另一种疾病,不可能重拾"美德",恢复"健康",达到幸福。必须与本能抗争——这是颓废的公式:只要生命在进行,幸福就是本能。

12

苏格拉底是否了解到,自己是这些自欺者中最聪明的?他最终在勇敢赴死的智慧中向自己坦白了吗?苏格拉底想死了,是他自己,而非雅典人让他服下了毒药,他逼迫雅典人处决了自己。"苏格拉底不是个医生,只有死亡才是医生。苏格拉底自己都病了很久了。"他轻轻地对自己说道。

第三章 哲学中的"理性"

1

你问我,哲学家都有些什么特性?例如:他们缺乏历史感,他们仇恨生成观念,他们的埃及主义。当他们把一件事物去历史化,把它制作成一个木乃伊时,他们自以为是在向它表示敬意。几千年来经过哲学家处理的一切都变成了概念木乃伊,没有一件真实的东西能够活着逃脱他们的掌握。这些概念偶像的侍从先生,当他们膜拜时,他们在宰杀,在填塞,他们威胁他们所膜拜的一切生命。死亡、变化、衰老如同生育和生长一样,对于他们来说是异议——甚至是反驳。存在的不变化;变化的不存在……他们不顾一切地信仰存在者。可是,他们抓不住它,于是探寻抓不住它的原因。"一定有一种假象,一种欺骗,使我们不能感知存在者,骗子躲在何处呢?"他们欣喜地大叫,"我们找到他了,他就是感性!这些感官,它们一向也是如此不道德,正是它们向我们隐瞒了真正的世界。道德便是:摆脱感官的欺骗,摆脱生成,摆脱历史,摆脱谎言,——历史无非是对感官的信仰,对谎言的信仰。道

几千年来经过哲学家处理的一切都变成了概念木乃伊,没有一件真实的东西能够活着逃脱他们的掌握。

德便是：否定对感官的一切信仰，否定人性的全部残余，所有这些全是'民众'。做哲学家吧，做木乃伊吧，用掘墓人的表情体现单调的一神论吧！——尤其要抛开肉体，感官的这个可怜的固定观念。它带有逻辑所指出、反驳、甚至无法反驳的一切错误，无法反驳是因为它如此狂妄，俨然作为真实的存在而行动了！"

2

我怀着崇高的敬意期待赫拉克利特。别的哲学家拒绝感官的证据是因为它们显示了多样性与变化性。他拒绝的证据则是因为它们展现事物时仿佛这些事物能持续与统一。但赫拉克利特对感官也不公平。感官既不以爱利亚学派①所认为的方式，也不以他所认为的方式说谎——它们根本不说谎。我们在生成证据时在其中添加了谎言，例如统一的谎言，物性的谎言，实体的谎言，持续的谎言。"理性"是我们篡改感官证据的根源。只要感官显示生成、死亡、变化，它们就没有说谎。但赫拉克利特在一个断言上始终是对的：存在是一个空洞的虚构。"表象"世界是唯一的世界，"真实"的世界只是谎言添加出来的。

3

我们的感官是多么精致的观察工具呵！比如鼻子，还没有一个哲学家怀着敬意和感激谈论它，到目前为止它是我们所支配的最精细的仪器，它能够辨别连分光镜也做不到的最微小的移动。今天我们拥有的科学恰好到了这一程度，使我们决心接受感官

---

① 译者注：爱利亚学派，是希腊著名的主流学派，主张逻辑学，严格的理性，坚持对自然的观察学习等等。

的证据——锐化感官，武装感官，透彻思考感官。其余的是畸胎和尚未成形的科学——换句话说，是形而上学、神学、心理学、认识论——或者形式科学和符号学说，例如逻辑与被称作数学的应用逻辑。在这些科学中，真实性根本不存在，甚至根本不能作为一个问题而存在——正如逻辑这样的约定符号到底有何价值一样。

4

哲学家们的另一种特性也同样危险，这种危险性在于扰乱始末。他们把最后到来的东西设置为"最高的概念"，不幸的是，它们本不该到来，最高的概念意味着最普遍、最空洞的概念，现实蒸发的最后水汽一开始就作为开端。这又只是他们表示尊敬的方式：高者不允许从低者中生长出来，根本就不可能生长。道德：任何第一等级的事物一定是自因。来源于他物被视为异议，是对价值的异议。最高价值都属于第一等级；一切最高概念，存在的，绝对的，好的，真实的，完美的——这一切都不可能生成，所以都是根源。但是，这一切也不可能彼此不相像或互相矛盾。于是他们有了"上帝"这个惊人的概念。最后的、最薄的、最空洞的东西被放在首位，当做自因，当做最真实的存在。为什么人类一定要认真对待病蜘蛛的头脑毛病！他们已经为此付出过昂贵的代价！

5

最后，我们来比较一下我们看待错误和表象问题的不同方式（我说"我们"是出于礼貌）。从前，人们把转化、变化、生成看作表象的证明,看作必定存在的把我们引入歧途的东西的暗示。今天,反过来说,恰好理性的偏见迫使我们设置统一、同一、持续、实体、根源、物性、存在,不知为何我们把自己卷入错误,被迫发生错误;基于严格的核算,我们很确定错误发生在哪儿。

这种情形与太阳的运动并无差别:在那里,我们的眼睛连续发生错误,在这里,是我们的语言发生错误。就其起源来说,语言属于心理最退化的形式的时期。当我们意识到语言形而上学的基本假设,更通俗地说是理性之时,我们便进入野蛮的拜物生灵之中了。他到处看见行为者和行为,他相信作为根源的意志;他相信自我,作为存在的自我,作为实体的自我,并且把对于实体自我的信仰强加到万物——他因此创造了"物"这个概念。存在到处被设想、假定为根源;从"自我"的概念之中才衍生出"存在"的概念。在开始就存在错误的巨大灾难,误以为意志是有效的,意志是种能力。今天我们知道它只是一个词而已。

很久以后,在一个启蒙一千倍的世界里,哲学家们惊喜地意识到理性范畴操作中的可靠性、主观确定性,他们总结出,这些范畴不可能源自经验,因为任何经验都与它们相矛盾。那么它们从哪来呢?

印度,和希腊一样,犯了同样的错误:"我们一定曾经在一个高级的世界里居住过(而不是在一个低级得多的世界里,那可能是真理);我们曾经肯定是神圣的,因为我们有理性!"事实上,目前为止,没有什么东西比存在的错误具有更为天真的说服力量,例如爱利亚学派所建立的那样。总之,我们说的每个词、每句话都站在它那边。即使爱利亚学派的对手也受到了他们的存在概念的诱惑:德谟克利特是其中一个,他发明了他的原子。语言中的"理性"：一个多么会骗人的老妪啊！恐怕我们还未摆脱上帝，因为我们还信仰语法。

6

倘若我把如此根本、如此新颖的认识归纳成四个命题，此认识将受到人们的敬仰。我用这种方式帮助人们理解，用此种方式挑起矛盾。

第一个命题。把"这个"世界说成表象世界的那些理由证明了"这个"世界的真实性，——另一种真实性是绝对不可证明的。

第二个命题。被赋予事物之"真实存在"的标准，是不存在的标准，虚无的标准，——"真正的世界"是通过与现实世界相对立而构成的；因为它只是道德光学的幻觉，所以事实上就是表象的世界。

第三个命题。虚构一个"那个"世界是毫无意义的，除非一种诽谤、蔑视、怀疑生命的本能在我们身上获得能量。在那种情况下，我们是用一种"那样的"、"更好的"生活向生命复仇。

第四个命题。把世界分为"真正的"世界和"表象的"世界，不论是按照基督教的方式，还是按照康德的方式（毕竟是一个狡猾的基督徒的方式），都只是颓废的一个征兆，——是生命衰败的表征……艺术家对外表的评价高于实在，并非对这一命题的异议。因为"外表"在这里又一次表示实在，只是在一种选择、强化、修正之中。悲剧艺术家不是悲观主义者，他只是肯定一切可疑的事物，甚至肯定一切可怕的事物，他是酒神式的。

第四章 "真实世界"如何最终变成寓言
——一个错误的历史

1

真实的世界是圣人、虔诚者、有道德者可以达到的,他住在这个世界里,他就是这个世界。(相对明智,简单,劝说观念的最古老形式。有一句委婉的说法:"我,柏拉图,就是真理。")

2

真实的世界现在不可达到,但是承诺给圣人、虔诚者和有道德者(承诺给忏悔的罪人)。(观念的进步:它变得更微妙,更阴险,更难以理解——它变成女性,成为基督徒。)

3

完全真实的世界是不可达到的,不能证明的,无法承诺的;但是一想到它——是种安慰,是种义务,是种需要。(本质上是古老的太阳,在雾中和怀疑中发光。观念变得难懂、苍白、北欧式、哥

完全真实的世界是不可达到的,不能证明的,无法承诺的;但是一想到它——是种安慰,是种义务,是种需要。(本质上是古老的太阳,在雾中和怀疑中发光。)

底斯堡式。)

4

真实世界不可达到吗?无论如何不可达到。不可达到就不可知。因此,不可安慰,不可补偿,不可履行义务:未知的事物怎么能使我们承担义务呢?(灰色早晨。理性的第一个哈欠。实证主义的第一声鸡鸣。)

5

真实世界不再是对任何事都有益的观念,甚至不是义务性的——它变得无用和多余——因此是个受驳斥的观念:我们废除它!(天亮;早饭;美妙感觉和愉悦心情的回归;柏拉图羞愧脸红;所有自由精神的混乱。)

6

我们已经废除真实世界。世界还剩下什么呢?可能是个表象世界?但不!有真实的世界我们也废除了表象世界。(中午;阴影最短的时候;最长错误的终结;人性的最高点;《查拉图斯特拉如是说》的卷首语。)

第五章 作为反自然的道德

1

所有的激情都有一个阶段，那时它们接近毁灭，用愚蠢的重量拖垮受害者——后来，很久以后，它们与精神联姻，把它们自己也精神化了。之前，基于激情中的愚蠢因素，人们向激情宣战，并发誓将它消灭；所有年老的道德怪物都主张一点：必须扼杀激情。在《新约》的"登山训众"①里，记载着关于这方面的最著名的公式，顺便说一句，在那里，事物不是俯视看到的。例如，关于性的特殊涉及："如果你的眼睛冒犯了你，那就挖掉它们。"幸运的是，没有基督徒按照此条训诫行事。毁灭激情和渴望，仅仅作为预防愚蠢和愚蠢所带来的不良后果的方法——今天在我们看来，仅仅是作为另一种极端的愚蠢形式。我们不再羡慕拔掉牙齿治疗牙疼的牙医了。

---

① 译者注："登山训众"是《圣经·新约》的一个典故，耶稣带着门徒登上山顶，陈述了自己的信条。

但是,公平地说来,必须承认的是,在基督教赖以生存的基础之上,"激情精神化"的概念从来就不可能成立。众所周知,最早的教会反对"智慧"而支持"精神贫穷"。人们怎么能期待它打一场反对激情的智慧之战呢?教会用各种意义上的切除之物与激情作斗争:它的做法,它的"治疗"是阉割。它从来不会问:"一个人怎样才能精神化、美化、神化渴望呢?"它总是把纪律的重点放在根除(根除感性、骄傲、对规则的欲望、贪婪、复仇欲)上。但是攻击激情的根基意味着攻击生命的根基:教会的做法仇视生命。

2

反对渴望的同样的方法——阉割,根除,是被那些意志薄弱、堕落,把中庸强加给自己的人的本能选择。他们无法自立尺度,所以需要苦修会。用个比喻(或者不用比喻),需要最后通牒,在自己和激情之间设一条鸿沟。只有对堕落者来说,根本的方法才是必不可少的;意志薄弱的——或者,更明确地说,无法对刺激作出反应的无能——本身就是一种堕落的形式。对感性怀着激进的、极度的敌意,通常是思考的一个象征:它赋予我们推测一个行为过度的人的总体状态的权利。

顺便说一句,当这类天性缺乏激进治疗,驱散"恶魔"的坚定时,敌意、憎恨就达到顶峰。人们应当回顾牧师和哲学家的所有历史,包括艺术家。反对感官最恶毒的话并非出自无能者之口,也非出自禁欲者之口,而是出自无能禁欲者之口,出自真正极度需要禁欲者之口。

3

感性的精神化被称为爱:它代表着对基督教的伟大胜利。另一个胜利,是我们敌意的精神化。它在于深刻地领悟拥有敌人的价值:简而言之,它意味着以与规则相反的方式行动和思考。教会总是想消灭敌人;我们这些非道德主义者和反基督教者认为,我们的利益在于教会的存在。政治方面,敌意现在变得更精神化——更明智,更周到,更体贴。几乎每个政党都明白,为了保护自己的利益,反对党不应当失去力量;对政治力量来说,也是如此。特别是一个新创造——比如新国家,比起朋友,更需要敌人:在对立中,它才能感觉自己是必要的;在对立中,它才能成为必要的。

我们对"内在矛盾"的态度是一样的:这里我们已经升华了敌意,我们提升了它的价值。忠诚的价值要在内部对立中丰富;只要灵魂没有延伸,不渴望和平,人就是年轻的。没有什么比从前的愿望——"灵魂的安宁",即基督教的渴望,更对我们有敌意的了;没有什么比道德的奶牛和真诚的平淡幸福,更不让我们嫉妒的了。当人们放弃战争时,就放弃了伟大的生命。

确切地说,在许多情况下,"灵魂的安宁"只是个误解——其实只是缺少更诚实的名字。我们可以不带麻烦、不带偏见地举一些例子。"灵魂的安宁"可以是丰富的动物性向道德(或宗教)领域的温柔投射。也可以是疲惫的开始,是傍晚,任何晚上投下的第一道影子。或者潮湿的空气,标志着南风即将到来。也可以是对良好消化的无意感激(有时叫"博爱")。也许是恢复中的病人对所有事物重新品味,在等待时获得的冷静。也可以是跟随在我们主要激情的满足感之后的状态,它是罕见的饱满的幸福感。也可以是我们的意志、渴望、恶习的衰老。也可以是懒惰在虚荣心的诱惑下给自己披上道德的外衣。也可以是长期的紧张状态和不确定折磨之后出现的确定,即使是可怕的确定。也可以是在做事、创造、工作以及下决心过程中成熟和精通的表现——冷静呼吸,获得"意志的自由"。偶像的黄昏——谁知道呢? 可能只有一种"灵魂的安宁"。

4

我将准则简化成一条公式。道德中的自然主义——健康的道德,由生命的本能支配。一些生命的戒律由"应该"和"不应该"的标准来衡量,因此生命路途中的禁止和敌对因素被消除了。反自然的道德——那是目前为止被教授、尊崇和鼓吹的道德——都是反对生命本能的:它是本能的戒律,秘密的,坦率的,鲁莽的。当说道"上帝看到心里",它对最低和最高的生命渴望说不,假定上帝是生命的敌人。取悦上帝的是真正的阉人。当"上帝的王国"开启时,生命就走到尽头了。

5

假如一个人领悟了对于生命的这样一种反对(这种反对在基督教道德中已经变得近乎神圣不可侵犯了)的亵渎之处,那么,他因此也就幸运地领悟了一些别的东西,即领悟了这样一种反对的无用、虚假、荒谬、骗人之处。活着的人对于生命的谴责归根到底只是一定类型的生命的征兆,至于是否有道理,这个问题完全没有提出来。一个人必须在生命之外有一个立足点,用不同的方式,如同已经活过的一个人、许多人、一切人那样去了解生命,方能真正触及生命的价值问题。有足够的理由表明,这个问题是我们不可企及的问题。当我们谈论价值,我们是在生命的鼓舞之下,在生命的光学之下谈论的;生命本身迫使我们建立价值;当我们建立价值,生命本身由我们评价。由此可知,把上帝当作生命的对立概念和对生命的谴责的那种道德上的反自然,也还是生命的一个价值判断——什么生命?什么种类的生命?——我早已回答:是衰退、虚弱、疲惫、受谴责的生命。道德,如它迄今被理解的,如它最近仍被叔本华规定为"生命意志的否定"的,是把自己做成一个绝对命令的颓废的本能本身,它说:"毁灭!"——它是受谴责者的判断。

6

最后我们想想,一起说"人们应该这样这样"有多么天真!现实向我们展示了丰富的令人愉快的类型,奢侈的游戏以及形式的变化——还有一位可怜的道德家的评论:"不,人们应该与众不同。"他甚至知道人们应该像可怜的顽固者和小偷,他在墙上画了自画像,说道:"看这个人!"但是,即使道德家只是向个人强调:"你应该是如此这样的!"他不会止于把自己搞得愚蠢可笑。个人是命运的一个片段,从前往后,对一切将来的事物来说是法则,是必然性。对他说"改变自己",需要所有的事物都发生改变,甚至是朝后改变。事实上不断有道德家希望人类与众不同,那就是,有道德——他们希望有人复制他们的想象,像个自命不凡者。最后,他们否定了这个世界!没有小疯狂!没有适度的无礼!

如果道德不是从生命的考虑出发,而是为了实现自身的追求而谴责,它就是个特定的错误,不应该被同情——堕落的特性已经造成了无法估量的伤害。

相反地,我们其他人,我们非道德主义者,已经在心里为明

如果道德不是从生命的考虑出发,而是为了实现自身的追求而谴责,它就是个特定的错误。

白、理解、证明预留了空间。我们不轻易否定,我们骄傲地做一个肯定者。我们越来越欣赏那种经济,它需要,并且知道怎样利用被神父的愚蠢和病态理性所抛弃的一切,欣赏生命法则中的经济,即使在自命不凡者、教父、善良者的厌恶物种中,也能找到。那么,什么又是"我们自己,我们这些非道德主义者"?这就是答案。

第六章　四大谬误

1

混淆因果的谬误。再也没有比颠倒因果更加危险的错误了，我把它称作真正的理性堕落。然而，这种谬误属于人类亘古不变的习惯，甚至在我们中间被神圣化，以"宗教"和"美德"的名义去追崇它。在有关宗教和美德的命题中总会出现这种谬误。牧师和提倡道德准则的立法人员是这种理性堕落的始作俑者。

我举个例子，人人都知道柯纳罗的书，在他的书中他推荐节食是过着长寿、幸福以及有德的生活的良药。很少有书能被许多人这样阅读。甚至现在在英国，每年都会卖出好几千册。我对此毫不怀疑，几乎没有一本书（除了《圣经》之外）像这个出于善意的怪东西，能够对人们造成如此大的伤害，缩短那么多人的寿命，这都是混淆因果所致。这个令人尊敬的意大利人把节食归结为他长寿的原因，然而长寿的前提是，新陈代谢极其缓慢，身体消耗微乎其微，这才是他长寿真正的原因。吃少或吃多并不是随心所欲的，他的节俭也不是一种"自由意志"：他吃多了就会生病。但是，

再也没有比颠倒因果更加危险的错误了，它是真正的理性堕落。

如果不是这种鲤鱼之躯,那么一个人既要合理地饮食,又要适量进食。在如今这样的时代,一个学者脑力消耗如此之快,倘若使用柯纳罗的养生法只会让自己一命呜呼。

2

每种宗教和道德基本的最一般的公式是:"做这个那个,不要做这个那个,那你就会感到很快乐!否则……"

每种道德,每种宗教都是这样的命令。我称之为理性巨大的原罪,不朽的非理性。在我看来,这种公式会转换为它的对立面,我的"重估一切价值"的第一个例子:一个穿着华丽的人,一个"快乐的人"必须采取特定的行动,对其他行动本能地迟疑。他把生理机能上的秩序带到了他与其他人类和事物的关系中。用公式说:他的道德是他快乐的结果。长寿、子孙兴旺并不是德行的回报,而是新陈代谢的放慢,除了其他结果,长寿、子孙兴旺——简言之,柯纳罗主义也是新陈代谢放慢的结果。

教会和道德说:"一代人,一个民族会被罪恶和奢侈摧毁。"我重新恢复的理性说:当一个民族逐渐衰落,生理上也逐渐退化时,罪恶和奢侈就会接踵而来(即,这意味着强烈的渴望、频繁的刺激,正如每个消耗殆尽的天性所了解的那样)。这个年轻人过早地苍白萎靡了,他的朋友说:这是由于这样或那样的疾病。我说:他生病,不能抵抗疾病,这本身就是一个衰败的生命天生枯竭的结果。看报纸的人会说:这个政党犯了这样的错误会毁掉自己。我的更高的政治学会这样描述:一个政党如果犯了这样的错误,那么它在政治道路上就走到尽头了,它已经丧失了自己的安全本能。从任何意义上来说,每种错误都是本能衰退、意志瓦解的结果:差不多我们可以以这种方式来给恶下定义。所有善都是本能,因而都是容易的,必要的,同时也是自由的。艰难本身就是一种抗议,上帝很显然是和英雄不一样的。(用我的话来说,轻便的双足就是神学的第一属性。)

3

　　虚假因果关系的谬误。人们总是认为他们知道何为原因,但是我们从哪里获得这种知识?或者更确切地讲,获得我们这种知识的信仰?从著名的"内部事实"的领域,其中,迄今为止,没有一个这样的"事实"被证明是事实。我们认为我们自己是意志行为中的原因,我们认为至少在这里能够当场捕获因果关系。毫无疑问,一个行为所有的前项,它的原因,可以在意识中寻找,并且只要能找总归会找到的,作为"动机":否则就不能自由自在地实施该行为,也不能对此负责。最后,谁会去否认一个想法是有原因的呢?自我就是想法的原因。

　　在这三个似乎作为因果关系保障的内部事实中,第一个且最有说服力的事实就是意志即原因。意识(精神)作为原因的概念,以及今后自我的意识(主体)作为原因的概念,仅仅是观念纯粹衍生出来的。意志确定因果关系是在确定既定事实、经验之后产生的。

　　同时,我们更加善于思考了。今天我们不再认为所有这些说法。"内心的世界"充满幻影虚光:意志便是其中之一。意志不再推动什么东西了,因而也不用解释什么。——它仅仅是伴随着整个过程,它也不能缺席。所谓的"动机"是另一种谬误,它只是意识的表面现象,伴随行为的东西,与其说它体现,不如说它是隐藏行为的前项。至于自我,已经变成了一种寓言、虚构、文字游戏。它完全停止了思考、感觉和意志。

从中能得出什么结论呢?根本没有什么精神的原因。这个方面全部所谓的经验都见鬼去了。这就是得出的结论,我们已经很有内涵地滥用了所谓的"经验"。于是我们创造了一个基于原因世界、意志世界和精神世界的世界。最古老最持久的心理学,只在这里起作用,不为其他事物。对它来说,所有发生的一切被认为是一种行为,所有的行为都是意志的结果。世界化身成为许多行为者,每个行为者(一个主体)悄悄地隐藏在每个事件的背后。从一个人自身就可以看出他最深信不疑的三个"内部事实":意志、精神和自我。他由"自我"的概念引申出"自我存在"的概念。他按照他的形象,根据自我即原因的理念,假设"物体"的"存在"。后来,他在物质中总是找到他塞进其中的东西,这不足为奇。再说一遍,物质本身的概念只是关于自我即原因的信仰的一个反映罢了。甚至你的原子,我亲爱的机械论者和物理学家们,有多少谬误,有多少退化的心理仍然残留在原子里面!不要再提物质本身,形而上学者的可耻可怕的东西。精神即原因的谬误被冒充为现实,被当作事实的尺度,被称为上帝。

4

幻想原因的谬误。以梦想开始谈起,例如,远处的一声炮击产生了某一种特定的感觉,在这种感觉下隐藏着一个原因。常常整部长篇小说中,追梦者往往作为主人公出现。感觉以一种回响的方式持续着,它在等待着,直到原因冲动准许它进入前景,从此不再是偶然的东西,而是"意义"。炮击在一种因果关系、在一种表面的时间逆转中出现。后来,动机是首先被感受到的,伴随着在闪电中一闪而过的成千细节,炮击紧随其后。发生了什么?某一状态展现出来的东西被误解为是它的原因。

事实上,我们在清醒的时候总是做着同样的事情。我们通常会有这样的感觉:我们的器官在活动或受阻时,各种压抑、压力、紧张、爆发就会出现,尤其是神经紧绷的状态——会激发起我们的原因冲动。我想有理由去感受这感受那,无论感觉好坏。事实上,我们对感觉这感觉那的这种状态并不满足。当我们提供某种动机时,我们才能容忍它,即意识到它。记忆在这种场合自动投入工作,无需我知道,呈现出一如既往的状态以及与之相关的因果说明(不是它们的因果联系)。当然,认为观念以及伴随着的意识过程是原因,这种信念也是记忆产生的。某种因果说明的习惯就此产生,事实上,它妨碍甚至完全阻止了对真实原因的研究。

5

对此的心理说明。把某种未知的东西归论于某种已知的东西,轻松、安慰、满足还有给人以一种权力感。未知的东西使人感觉到危险、不安和忧虑,身体本能的一个反应就是摒弃这些令人痛苦的状态。第一个原理:解释总归比不解释要好。因为这件事情从本质上来讲就是摆脱压迫人的观念,至于采用什么方法去摆脱它们,倒没什么可挑剔的。未知事物解释已知事物的第一个观念如此出彩,以至于人们把它当做是真理。快乐(力量)的证据是真实的标准。

决定并引起原因冲动的是由恐惧感造成的。"为什么"的问题,只要可能,不会因为要理由而提供理由,相反某一种特定的理由应该给人以慰藉,释放自我,并且能够身心放松。记忆中的那些东西是已知的、经历过的并且刻骨铭心的,假设记忆中的这些东西是原因,那是这种需求的第一个结果。那些新的、陌生的、之前没有经历过的东西都没有被称作原因。因此,我们不仅仅要寻找某种解释充当原因,而且还要找某个精挑细选,备受人们喜爱的解释,这样的解释能最迅速最及时地消除那种陌生的、新的、从来没有经历过的感觉——通常是用得最多的解释。结果是:某种原因设定越来越占优势,融入整个体系中,最终占支配地位,换句话说就是排除了其他的原因和解释。银行家立刻会想到"生意",基督教徒会立刻想到"罪恶",小女孩会立刻想到她的爱情。

6

道德和宗教的领域是属于幻想原因的范畴。通常是指不愉快的解释。这些不愉快的解释都是由那些对我们有敌意的生灵造成的(邪恶的幽灵:最著名的案例——歇斯底里的患者被误认为是巫婆)。它们是由那些不被允许的行为造成的(罪恶的感觉悄悄隐藏在内心中,惶恐不安;人们总是能找到一些对别人不满的理由)。它们是作为我们不应该做的事情,我们不应该成为的某些角色的一种惩罚和一种报应。(叔本华用无耻的方式归纳出了一个原理。——道德以它真实的一面——生命的毒害者和诽谤者显现:"每种巨大的痛苦,无论是身体上的还是精神上的,都表明我们是自作自受、罪有应得。如果我们没有做这样的事情,那么痛苦也不会降临在我们头上。"——见《作为意志和表象的世界》第二卷。)这是由于他们缺乏考虑,轻率行动而酿成的后果。(这里的影响、意识都被假定为原因和"罪恶";生理上的痛苦加上其他的痛苦就被认定为"罪有应得"。)

通常的愉快感的解释。——主要是由相信上帝创造的。它们是由良好行径的意识产生的(所谓的"问心无愧"——一种生理状态有时候看起来很像消化良好的样子,却很难把这两种状态区分开)。它们是由事业的成功造成的,这并不意味着就能给忧郁症患者和帕斯卡尔带来通常的愉快感。它们是由基督教徒的德行——信仰、慈善和希望造成的。

事实上,所有这些假定的解释都是后继的状态,也就是说,不快感和愉快感都会翻译成虚假的辩证法。有人内心充满希望,因为基本的生理感觉仍然很强大、充实。有人信任上帝,因为充实感和强大的感觉会给人以宁静放松的感觉。道德和宗教都属于错误的心理学:因为在每一个场合中,都混淆了因果关系;或者错把真理和信以为真的效果混淆了。或者,把意识状态和结果混淆了。

7

自由意志的谬误。今天我们不再对"自由意志"的理念表示同情。我们知道,我们太了解它是什么了,它是神学家们使用的最邪恶的手段,目的在于使人类按照他们的意愿"负责",也就是说依赖于他们。这里,我想简单地探讨"承担责任"的心理实质。

无论去哪里寻找责任,总是会在那里发现审判欲和惩罚欲的本能。当某种情况追溯到意志、目的和承担责任的行为时,那么,人就被剥夺了清白的生命:为了起到惩罚的目的,即想要寻找罪恶的渊源,于是发明了意志学。整个古代心理学,即意志心理学是由它的创始人决定的,古代社会上层的神父们想要为他们自己创造一种能够惩罚别人的权力,也想为上帝创造这种权力。人类被认为是"自由的",以便于可以加以审判、被惩罚,以便于变得有罪。结果就是,每个行为都被认为是自愿的,每个行为的起源都被认为是有意识的。(所以心理学最基础的伪造品,就是心理学本身的原则。)

今天,当我们进入完全相反的运动中,我们这些不道德的人竭尽全力把罪恶和惩罚的概念再次从世界里剔除,净化心理学、历史、自然、社会机构及其制裁。我们从来没有见到过神学家如此激烈的反对,他们继续凭借"世界道德秩序"的概念,借助"惩罚"和"罪恶"来亵渎生成的无罪。基督教徒是刽子手的形而上学。

8

单独什么东西能成为我们的学说呢?没有人会把他的才能给予别人,无论是上帝、社会、父母、祖先还是自己,都不会这么做(最后这个荒谬的观念作为"理解自由",被康德或柏拉图教导过)。再也没有人会对以下的情形负责:他在那里存在,他这般存在着,他存在于这样的情形或环境之中。他本性的宿命不能从已生成之物和将要生成之物的宿命中解脱出来。人类不是某些特殊目的、意志的产物,也不会试图获得一种"人的理想",一种"快乐的理想"和一种"道德的理想",想要依照某个特定的目的锻造他的天性真的很荒唐。我们已经发明了"目的"的概念,事实上,根本不存在目的。

某人是必然的,某人是命运的一段小插曲,某人属于整体,某人只是整体中的一部分;没有什么东西能让我们去审判、衡量、比较、责难我们的存在。因为这意味着要审判、衡量、比较、责难全部。然而整体之外只有虚无。没有谁会对以下的情形承担责任：存在的种类不可能去追溯绝对的第一原因，世界不会作为知觉或"精神"组成一个统一体，这才是伟大的解放。生成的无罪于是重新建立起来了。直到现在"上帝"的理念是对生存的最大的异议。我们否定上帝，我们否定上帝需要人类去承担的责任。于是，我们也拯救了世界。

第七章 人类的"改善者"

1

我对哲学家的要求众所周知,他必须站在善恶之上,立足于道德判断的错误信仰之上。这种要求源自于一种见解,我首次从这个见解中总结出一个结论,那就是根本就不存在道德事实。道德判断和宗教判断有一个共同点,就是相信不存在的实在。道德仅仅是对某个特定的现象进行解释,更确切地说,其实是一种错误的解释。和宗教判断一样,道德判断属于一个无知的阶段,真实的概念和真实与幻想之间的区别至今仍然是一片空白。在这个阶段,我们把"真实"定义为所有叫做"幻想"的东西。道德判断从来没有被认真地对待过。因此,显而易见,道德判断总是包含着些许荒唐的悖论。但是,它们仍然很有价值,它们至少给那些了解的人透露了文化和内心世界的最珍贵的真实,而这种真实不太"了解"自己。道德仅仅是符号语言、症候学——一个人必须知道自己为什么要行动,能从中获取什么样的好处。

2

  我想暂时先举一个例子。人们总是想要"改善"人类：上述描述的一切都叫做道德。然而，在同一个字眼之下，却隐藏着不同的趋势。驯服野兽、人类，对某个人种的培育都叫做"改善"。正是这些动物学的术语表达了真实——当然，典型的"改善者"即教士，既不了解这一切，也不想了解这一切。

  把驯服野兽称作"改善"，这听起来像个笑话。无论谁都会了解驯兽场的情况，对动物在那里得到"改善"表示质疑。他们被削弱了，它们不再那么有攻击性，恐惧的低落情绪、痛苦、创伤以及饥饿使它们变成了虚弱的野兽。这和教士"改善"的驯化之人完全不一样。在中世纪早期，教会事实上就是一个驯兽场，人们对着最漂亮的"金毛野兽"标本穷追猛打。例如，人们"改善"高贵的日耳曼人。但是，之后，把"改善"了的日耳曼人带进修道院后，看起来会是什么样子的呢？像漫画里的人物，像一个怪物——他变成了一个"罪人"，他被关在笼子里面，沉浸在许多可怕的观念之中。他躺在那里，看起来很虚弱、悲惨，对自己怀有恶意，对迸发的生命力充满仇恨，对所有一切强大而又幸福的东西表示怀疑。简言之，一个基督教徒……

  从生理学的角度来讲，使野兽变弱的唯一途径就是和它们斗争，削弱它们的攻击性，让它们变得虚弱。教会懂得这一点：它摧毁了人，削弱了人，但是又声称是"改善"了他。

3

  让我们看看所谓的道德的另一种情形，对某个特定的人种进行培育。印度道德提供了最重要的一个例子,《摩奴法典》是具有宗教效力的,能够制裁罪人。其主要的任务是培育至少四个人种:教士、战士、农商和仆人(首陀罗)。很显然,在这里,我们并不是置身于驯兽人的行列之中:那些百倍温和理智的人是构思出培育计划的先决条件。一个从基督教徒病房和地牢的氛围中走出来的人,步入这个更健康、更高大、更宽广的世界,不禁让人倒吸一口气。与《摩奴法典》相比,《新约》是多么不幸,它看起来是多么污秽。

然而,这种体制又必须看起来非常可怕,这次不仅仅要和野兽斗争,还要对付它的对立面——没有教养的人、杂种人、贱民。然而除了使他们生病能让他们变得软弱无害,其他没有什么途径能够削弱他们,它要对付"成千上万"的人。或许,没有比印度道德的保护措施与我们的情感更相抵触的东西了。例如,第三个法令"关于不干净的蔬菜",规定只允许贱民买大蒜和洋葱,因为神圣的经文中规定禁止给他们谷物或带有种子的水果,或者水和火。法令还规定贱民不能从河流、井水和池塘中取水,他们只能从沼泽地以及牲畜踩出的坑穴中取水喝。与此同时,他们被禁止洗他们的衣服或清洗他们自己,因为水是很神圣的,恩赐给他们的水只能用来解渴。最后,禁止首陀罗姓氏的妇女帮助贱民妇女接生,禁止贱民妇女生产时互相帮助。

这样一种保健警察采取的措施往往没有什么成效:由于可怕的传染病、恐怖的性病肆虐,由此诞生了"刀法",规定:男孩要接受割礼,女孩要割除内部的小阴唇。贱民都是通奸、乱伦以及犯罪的产物(这些是繁育概念的必然结果)。他们穿的衣服是从尸体上扯下的破布,他们用的餐具是一些破罐子,他们戴的一些装饰品不过是些陈旧的废铁,他们祭祀的对象不过是些邪恶的幽灵。他们总是马不停蹄地到处流浪。他们写字禁止从左写到右,他们写字不准用右手写,有德行的人和有种姓的人才有权利使用右手写字,可以从左写到右。

4

这些规定都是富含教育意义的,曾经我们在这里遇到了血统纯正、格外原生态的雅利安人,我们了解到"纯正血统"的概念与毫无伤害的概念是完全对立的。另一方面,人们明白了在哪个民族中,贱民的仇恨,对"人性"的仇恨得以无止境地延续下去,这个民族会变成宗教,会变成天才。从这个角度看,《福音书》象征着头等重要的文件,《以诺书》更加如此。基督教徒源于犹太族,可以理解为这片土地上生长出来的作物,象征着任何培育、种族、特权道德的反抗运动——它是最出类拔萃的反雅利安宗教。基督教徒——重估所有的雅利安价值,贱民价值的胜利,穷人和卑贱者的福音,所有被压迫者、不幸者、失败者以及因"种族"而被嫌弃者的一场暴乱,是作为爱的宗教的贱民不朽的憎恨。

培育的道德、驯服的道德用在他们自己身上可以说对彼此都很有价值:我们会确立一个最高的命题——如果要创立道德,一个人必须要追求与之相对立的意志。这个伟大离奇的问题是我追寻了最长久的一个——人类"改善者"的心理。一个微小且本质上很谦虚的事实,所谓的神圣的谎言——给我提供了解决这个问题的第一个方法:神圣的谎言是所有"改善"人类的哲学家和教士的祖传宝贝。无论是摩奴、柏拉图、孔子,还是犹太教和基督教

迄今为止，人们尝试去创立道德所运用的所有手段都是完全不道德的。

的老师,从来都不会怀疑他们说谎的权利。他们也不会去怀疑其他的权利。用一个公式总结,也就是说:迄今为止,人们尝试去创立道德所运用的所有手段都是完全不道德的。

第八章 不合时宜的漫步

1

我不可能去干的事情很多,列举如下:

——塞涅卡:要么成为德行的斗牛士。

——卢梭:要么回到大自然,比如去埃及的法鲁斯岛。

——席勒:要么做萨金的道德喇叭手。

——但丁:要么成为在坟墓上作诗的邋遢狗。

——康德:要么假正经般的,作为只凭借理性就能了解的个性。

——维克多·雨果:要么成为荒谬之海上的法鲁斯岛,去大自然的污秽中。

——李斯特:要么完成熟练的课程——有关女人方面的。

——乔治·桑:要么用德语说,也就是成为一头具有"美丽风格"的母牛。

——米什莱:要么做脱掉外衣的热情奔放人士。

——卡莱尔:要么按照悲观主义,做一顿不好消化的午餐。

——约翰·斯图亚特·密尔:要么成为令人不愉快的清晰感觉。

——龚古尔兄弟:要么做与荷马战斗的两个勇敢善战的埃阿斯,或者成为奥芬巴赫的音乐。

——左拉:要么成为"浑身上下都散发着恶臭的乐趣"。

2

勒南。——神学,通过基督教中的"原罪"造成理性的毁灭。勒南提供了证词,一旦他想冒天下之大不韪,要作出更具有普遍意义的肯定或否定的判断时,他就会在顷刻之间谨小慎微、瞻前顾后。比如,他曾经想把科学和高贵两者合二为一,但科学从本质上讲,属于民主政体,这一点不说谁都一目了然。他并不是出于任何虚荣心,他就是想要表现一种精神上的高贵姿态,但同时,他又倒向完全相反的一派学说——卑贱者的福音,而且简直可以说,比跪拜更为过分。如果说一个人在骨子里仍然是基督徒、天主教徒,甚至还是牧师,那么他那些所有的所谓自由思想、新潮观念、愤世嫉俗和逢源拍马、随机应变的技巧又有什么意义呢?在这个层面上,勒南完全和耶稣会教士,和忏悔的神父一模一样,在诱惑方面还挺有一套发明本领的;在精神方面,他就如同天下所有牧师一般,不乏教士早有准备的微笑。当他的爱变得狂热时,他便身处危险中了。他那狂热的崇拜,危及到了生命本身,这一点简直没人可与他比。勒南的精神,可以说是一种能让人神经衰弱的精神,这对于深陷贫苦、重病且意志有缺陷的法国而言,简直更是灾难。

3

法国文学评论家圣伯夫①是个毫无阳刚之气的男人,他满腹对一切阳刚精神的小肚鸡肠般的怨恨情绪。他整日四处游荡,身材纤细,对一切都好奇,无聊透顶,好打听,这根本全都是女人的性格,他和女人一样,爱记仇、唧唧歪歪、感性十足。他作为一名心理学家,简直就是一个流言方面的天才;在这方面,他的花样不断;他擅长掺和流长是非,无人能胜过他。他在本能上,为人粗鄙无耻,都说卢梭义愤填膺,圣伯夫在这方面简直可以说和卢梭一脉相承;他也是个浪漫主义者,因为在一切浪漫主义背后,他和卢梭相同,具备复仇的本能。同时他是一个革命者,但可惜的是,他被恐惧给吓住了。在公共舆论、科学院、法院,甚至皇家服饰这些有力量的事物面前,他显得非常拘谨,丝毫没有自由的精神。他反对一切和伟大沾边的人和物,反对一切自信的人士,态度可以说是慷慨激烈。作为一个诗人和半个女人,他自我感觉很良好,很伟大;他在不停地蠕动着,就像一条虫子,只是老觉得自己被别人践踏着。他如同一个没有原则和立场的批评家,以为自己就是一名不信教的世界主义者,对一切事物夸夸其谈,却没有勇气承认自己不信教。他如同一个没有哲学洞察力的历史学家,在一切重要的问题上总是拒绝作出判断,总拿"客观性"遮掩自己的真实态度和想法。当更有利的观点占据支配地位时,他对事物的态度立刻会显出不同,只有在那里,他才有坦然面对自己的勇气,开始自娱自乐,在那里他才是伟人。在某些方面,他就是波德莱尔的

---

① 译者注:圣伯夫,法国十九世纪颇为权威的文艺评论家,但名大而才小,有权威无建树。普鲁斯特有名著《驳圣伯夫》。

一个预备版本。

4

《效法基督》①属于那样一种书：我拿在手里，却不能不产生一些生理反应，它散发出一种永恒的女性的芳香，严格地说，只有法国人，或者瓦格纳人所独有的。这个圣徒有一种特别的谈论爱情的方式，就连巴黎女人也感到好奇。曾经有人告诉我，有一位最聪明的基督徒，名叫孔德，他想带领他的法国人途经科学，开往罗马，他通过这本书，获得了灵感。因此，我相信这本书是一本"心灵的宗教"。

5

G·艾略特②。——他们失去了基督教的上帝，因为他们更加坚定地相信，他们必须更加坚持基督教道德，这是一种英国式的前后一致性，我们不想因此而责怪艾略特身上的小女子道德。在英国，为了每一次摆脱神学的解放，不管多么微小，人们都会像道德狂热分子一般，用可怕的方式重新表现自己。这是人们在那儿付出的赔偿费。

而对于我们其他人来说，情况就不同了。如果一个人放弃了基督教信仰，那他就把自己从基督教道德所获得的权利践踏于脚下了。基督教道德从来不会自我表明，我们必须不顾那些妄自菲薄的英国人，通过不断地揭露，才能体现出来。基督教是一个系统，是一种对事物的通盘考虑过的完整观点。假如我们去除其中

---

① 译者注：这是一部中世纪基督教会编订的，谈基督徒修养的读本。
② 译者注：英国十九世纪著名女作家，小说家。

的一个主要观点——对上帝的信仰,这个整体性的系统就被粉碎了,我们的手中就没有任何必要的东西存在了。基督教存在的前提是,人不知道,也不可能明白善与恶,他相信上帝,因为只有上帝明白是非善恶。基督教的道德是一道命令;它来源于超验主义,它超越一切批评和一切批评权;只有当上帝表现真理时,道德才站在真理这边。道德与对上帝的信仰共存亡。

如果英国人确实相信他们能够"本能地"分辨善恶是非,从而进一步认为自己不再需要基督教作为道德的担保,那么,我们认为这本身就是受基督教价值判断支配而导致的结果,也是这种支配的强大而且深入的体现,结果我们可能会把英国道德的本源遗忘得精光,以致我们会再也感觉不到这种道德的权力存在的条件。对于所有的英国人而言,道德还不是一个大问题。

6

乔治·桑。——这是我读过的《旅行书简》的第一卷,和卢梭写的一切东西简直一脉相承,虚假、做作、胡吹、浮夸。我无法忍受这种糊墙纸风格,过分花哨,让人眼花缭乱,就如同我忍受不了贱氓行径,作恶多端,竟然这种人也有虚荣心,想展示一番自己的慷慨情怀。当然,最糟最差的一点应该是女人没有女人的样子,却有一副男子气,故意作顽童状,卖弄风情。——她在这么做时一定相当冷静,简直像个让人受不了的女艺人!她像上紧了发条的钟表,并且一直在写作,她冷静得像创作中的雨果、巴尔扎克,以及所有浪漫派!而她会躺在那里,自我陶醉、孤芳自赏,这是一条多产的写作母牛,在她身上,我们可以看到一些不良的德国素质,她和她的师傅卢梭一样,并且无论如何只有在法国品位衰败时她才可能现身！可是勒南迷恋她。

7

心理学家的道德本质。——千万不要去搞什么摆不上台面的心理学！绝不为了观察而去观察！如果这样，只会造成一种错觉，让人不免斜视，产生某种勉强并且夸张的东西。如果我们抱着体验的愿望去体验，这是不会成功的。当我们在体验时不能凝视我们自己，不然每一瞥都会变成"恶魔的眼光"。一个与生俱来的心理学家会在本能上提防为看而去看；同样，这一点也适用于天生的画家。他从不"遵从自然"而工作，他让自己的本能（摄影机暗箱）去筛选和压榨"事件"、"自然"和"阅历"。他仅仅会意识到一般规律、结论和结果，但他绝不会从个别事件中武断地抽象出什么结论。

如果过程改变，会有什么不同的现象发生呢？譬如说，如果巴黎不少小说家都制作一些摆不上台面的心理学，结果会怎么样呢？这好像是在有意对抗现实世界，每晚总会往家里带上一把稀奇的玩意。但是，最终人们看到的是一堆乱涂乱画的东西，顶多是一件有精细装饰、艳丽俗气的镶嵌品。但是在这一点上，龚古尔兄弟做的事情最不像话，他们没有把三个句子放在一起，没有真正伤害人的眼睛，或者说心理学家们的眼睛。

就艺术而言，自然不是模式化的东西。它夸张、扭曲，并且给事物留下漏洞。自然是机会。"遵从自然"的研究观点在我看来是个不良的兆头：它背叛屈从、虚弱和宿命。膜拜藏在灰尘下，是艺术家不值一提的，它是精神、反艺术人士和现实主义者们的标识。一个人必须认清自己是谁。

8

谈谈艺术家心理学。——如果有艺术的存在,如果有任何审美行为和审美视觉存在,那么一种心理条件不可缺少:沉迷。必须首先有沉迷,才能提高整个机体的兴奋度,否则,就没有艺术的存在。所有形形色色的沉迷,无论种类有多么繁杂,它们都必须拥有这样的力量:首先是性兴奋的沉迷,这是一种最为古老而原始的沉迷的形式。同时,这种沉迷跟随在所有大的愿望、强烈的情感之后;这是一种盛宴的沉迷、竞赛的沉迷、勇猛的沉迷、胜利的沉迷、一切极端运动的沉迷;它是残忍的沉迷,是毁灭的沉迷;它是某种天气的沉迷,比如沉迷于春色;或者因为麻醉剂而造成的沉迷;最后是意志的沉迷,一种高涨意志的沉迷。根本的一点是,这种沉迷是日益增加的力量与充实的情感。一个人会把这种情感付诸于万物,强迫万物向我们索要,违背万物——这个过程被称为理想化。让我们去除偏见,理想化和我们平常的观点不同,它并不在于去除琐碎之处。决定性之处在于,我们要有巨大的驱动力带来主要特征,次要特征会在过程中慢慢消失。

9

在这种状态中,人为了充实自身而使万物充盈:无论一个人看见什么,无论他有什么愿望,都会因为力量而膨胀、受到挤压、变得强大、负荷过重。在这种状态下,人会改变事物的形式,直到他们看到自己的力量,直到他们成为自己完美的反映。必须改变为完美的东西是艺术。甚至一切他身外的东西都会成为他内心的快乐来源;在艺术中,人把自己当做完人而自我陶醉着。

如果有艺术的存在,如果有任何审美行为和审美视觉存在,那么一种心理条件不可缺少:沉迷。

我们允许想象一种相反的状态，一种特别的出自本能的反艺术的形式——这是一种模式的存在，它剥夺万物，使万物枯竭、贫乏、消耗殆尽。并且，事实上，历史上这样的反艺术家举不胜举，这些人生命短暂。这便是真正的基督徒的情形——比如帕斯卡尔：一个基督徒，他同时是一名艺术家，这样的人并不存在。一个人不应该太天真，拿出拉斐尔或者其他什么十九世纪的同种疗法的基督徒的例子来反驳我：拉斐尔说得对，拉斐尔做得对。因此，拉斐尔根本不是基督徒。

10

我把概念的对立物引入到美学中，包括日神的和酒神的，他们都被看成某种沉迷，这是什么意思呢？日神使眼睛激动，使它获得了视力。画家、雕塑家和史诗诗人是杰出的幻觉家。另一方面，在酒神状态下，整个情绪系统被激发和夯实——它可以立刻释放出表达方式，同时向前推动表现力、模仿力、转换力、转移力，并且同时推动行为。这里的实质特征是隐喻的自由运用，不能不作出反应。（某些歇斯底里的病人会有类似情形，他们会根据某些暗示而进入某个角色中。）在酒神状态中，人是不可能不去理解任何暗示或建议；他不会跳过任何一个情感标识；他拥有强烈的本能，能够理解和推断，就如同他掌握这最好的艺术交流能力一样。他进入任何皮肤，进入任何情感中，他总能转换他自己。

音乐，正如我们今天所理解的，也是一种完全的兴奋点，并且是一种对情感的完全释放，但是即使这样，它只是对情感表达更加丰富的世界的残余，是酒神戏剧的残留物。为了使音乐可能成为独立的艺术，大量的感官，尤其是肌肉感觉已经被停止活动（至少是相对的,在某种程度上,所有的节奏吸引着我们的肌肉);这样,人不能在身体上模仿和表现他所感受到的一切。但是,这是常规的酒神状态,知识是原始状态。音乐是以与之最密切相关的机能为代价而缓慢实现的专门产品。

11

演员、伶人、舞蹈家、音乐家和史诗诗人,他们的本能基本相联系,在本质上却是渐离的过程,他们相互之间变得专门化并且相互独立,甚至到了相互对抗的程度。史诗诗人与音乐家保持联合的时间最长;演员则同舞蹈家。

建筑师既不表现出酒神状态,也不是日神状态:在这里,它是伟大的意志行动,这种意志可以动摇大山,伟大意志的沉迷可以鼓舞艺术。最伟大的人类一直在激励建筑大师,建筑家总是拥有巨大的力量源泉。他的建筑总能够让人骄傲,让人胜利,获得力量的意志。建筑是形式上的雄辩的力量——说服、夸耀,甚至有决策力。最高的情感力量和确信感可以找到雄伟的表达方式。这种力量不再需要任何证据,它产生愉悦,不会轻浮地作答,它感觉不到周围的证据,它对对立物毫不知晓,它立足于自身、宿命、法则中的法则——它用庄严的风格讲话。

12

我读了托马斯·卡莱尔[①]的生平,这是一场不知不觉的闹剧,这是对于消化功能差的英雄道德家的重新阐释。卡莱尔是个言辞强硬、态度顽固者,他是个雄辩家,总是有强大的信念推动着自

---

① 译者注:卡莱尔,英国十八世纪最负盛名的散文家、思想家。

己的行动,但认为自己没有能力办到(在这方面,他是个典型的浪漫主义者)。这种对强大信念的推动绝不是强大信念的证据,而是恰恰相反。假如一个人有这样的信念,那么他就能承受怀疑论的奢华魅力:一个人足够自信和坚定,有足够的联系纽带。卡莱尔对有强大信念的人大为崇拜,而对思维略微简单者则大为恼火:他需要噪音的存在。一个人经常热情奔放地欺骗自己,这是他的特色,在这方面,他确实一直很有趣。当然,在英格兰,他因为自己的诚实而为大家所崇拜。那是英国。在很多人的眼中,英国人是地地道道的假正经。事实就是如此,不仅仅是我们可以理解的样子。在本质上,卡莱尔是个英国的无神论者,但是他却以不是无神论者为光荣。

13

爱默生。——他相比较于卡莱尔来说,要开明、逍遥、复杂、精巧得多,重要的是,他幸运得多。他是这样一个人,他本能地在美味的食品面前吸取营养,而把自己消化不了的东西留在事物中。与卡莱尔相比,他是一个有品位的人。卡莱尔很欣赏他,尽管这样,他还这么说他:"他不给我们足够的东西咀嚼。"这话可能说得是事实,但这对爱默生没有丝毫影响。爱默生有一种优秀而聪明的快乐的品质,这能使一切严肃者感到挫败;他丝毫不知道自己多大,不知道自己仍然会多么年轻;他可以用维迦[①]的一句话来说自己:"我是自己的继承者。"他的精神总能发现感到满足甚至感激的理由,他不时地涉及有价值的从仙境回来的绅士的快乐与超然(仿佛他已经完成了自己的使命)。他会感激地说:"虽然

---

① 译者注:维迦(1562—1635),西班牙戏剧家。

没有权力,但是欲望根本没有价值。"

14

关于反达尔文。——关于著名的"生存竞争",到目前为止,我认为,它是被声称,而非被证明了。它发生了,却只能是作为例外。生命的总体外在形式不是匮乏和饥饿,而是不断在丰富、奢华乃至荒唐地浪费——凡有竞争的地方,都是为权力而斗争。人们不应当把马尔萨斯①与自然混为一谈。

不过,假定真有生存竞争存在,事实上,它确实发生着——可惜,结果很不幸,与达尔文学派的愿望恰恰相反,并且和人们可以同他们一起愿望的也相反——也就是说,对强者、优秀者、幸运的例外者不利。物种并不是在走向完善:弱者总是一次又一次统治强者,因为他们是多数——他们也更聪明。达尔文忘记了一种精神(那是英国式的!);弱者有更多的精神存在。一个人需要拥有精神,他才能获得新的精神;当他不再需要它时,他就失去它了。只要谁强大,谁就会放弃精神。(在德国,人们现在这样想:"让精神滚远些吧,但帝国必定仍然属于我们的。")需要提及的一点是,"精神"一词,我认为它的意思是关心、耐心、精明、伪装、杰出的自控能力、一切与模仿有关的东西(后者包括了所谓德行的大部分东西)。

15

心理学家的辨析。——这是一位对人性了解透彻的行家,他究竟为什么要研究人类呢? 他想在人们头上捞取蝇头小利,甚至

---

① 译者注:马尔萨斯,英国十九世纪早期的人口经济学家,提出了人口论,控制人口与经济发展的比重。

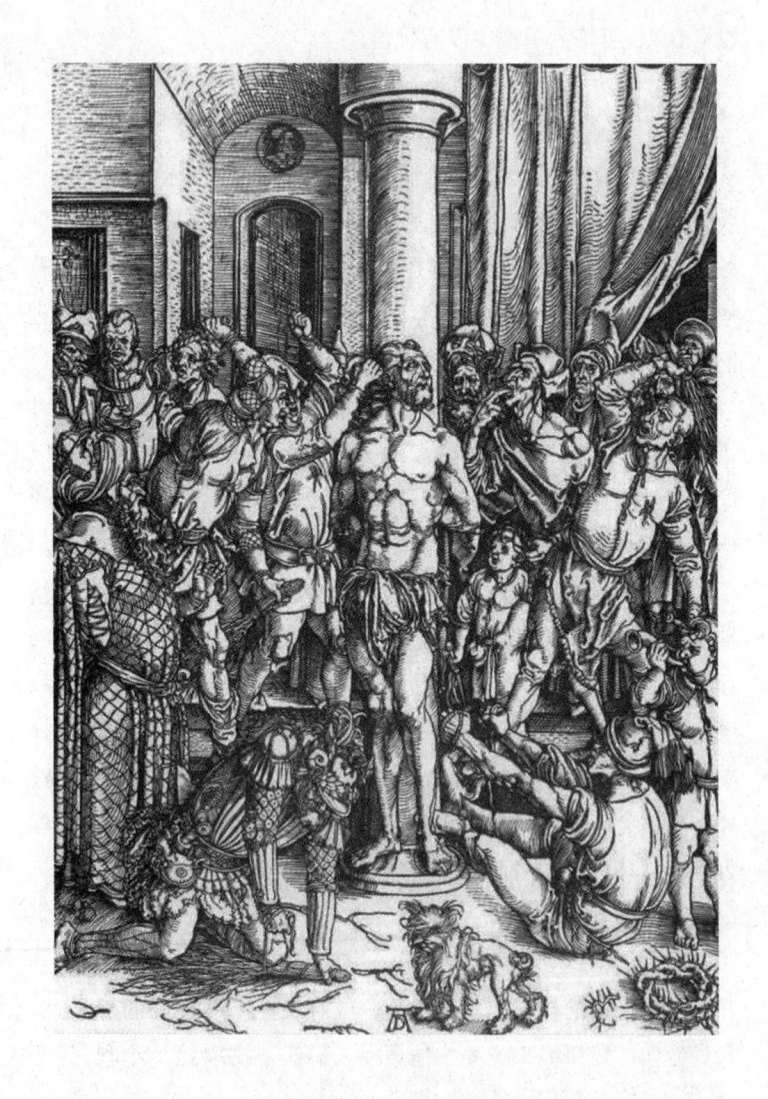

弱者总是一次又一次统治强者,因为他们是多数——他们也更聪明。

是大利,因为这个缘故,那么他是一个政客!那边的一位也对人性了如指掌,如果你说他不为自己求得什么好处,他完全是个"无私者",再走近看真切一点!可能他甚至有更可恶的优势,感觉自己比其他所有人都优越,能够看轻他人,不再错误地把自己当作他们中的一员,这位"无私者"是个人类的蔑视者,而前面那位更算是人类,这一点凭观察就可以断定。至少他把自己摆在平等的水平面,把自己看作大家的一员。

16

我从一系列大量的例子中发现,德国人的心理节奏很有问题,这让我不能罗列出这些例子的清单。其中有这样一个例子,我没有机会论证自己的命题,但我很想有机会这样做:我对德国人心怀怨恨,因为他们在康德以及他的"后门哲学"(我是这样称呼的)中犯了一个错误,这绝不是智慧正直的类型。另一件事情是这样的,我不喜欢听到这样一个臭名昭著的"和":德国人说"歌德和席勒",难道他们还不知道席勒?甚至还有更糟糕的"和"的说法,是我亲耳听到的,不过仅仅在我们大学的教授中间听到,说"叔本华和哈特曼①"。

17

最具有精神的人类,假如我们认为,他们必须首先是最勇敢的,到目前为止也经历了最痛苦的悲剧:但就因为这个原因,他们尊敬生命,因为它在使用本身最大的敌意同他们对抗。

---

① 译者注:哈特曼,一位颇为平庸的德国哲学家,在尼采看来,根本不能与叔本华相提并论。

18

论"智力良知"。——今天,在我看来,没有什么比真正的虚伪更让人感觉罕见了。我很怀疑,这种植物忍受不了我们文化的温馨氛围。虚伪属于有强大信念的时代,在这个时代,即使人们被迫接受另一种信仰,他们也不会放弃自己从前的信仰。今天,人们如果放弃它了;或者甚至更常见的是,一个人又有了第二种信仰,——无论在哪一种情况下,一个人都保持诚实。毫无疑问,今天人们可能的信仰的数量比以往要多得多:"可能"的意思是能被允许的,这就是说无害。这便产生了对自己的宽容。

对自己的宽容允许有几种信仰的存在,它们和平共处:他们很小心,就像这个世界的其他部分,不会向自己妥协。今天,一个人怎样才能向自己妥协呢?假如一个人前后一致,假如一个人以一条直线前进,假如一个人可以允许五个相互冲突的阐释存在而并不模棱两可,假如一个人是真诚的。

我很害怕,现代人对某些邪恶现象往往太不当回事了,所以这些正在消亡。有强大意志的邪恶——可能没有无需强大意志的邪恶吧——会在我们温馨的空气中发展为美德。我所见到的少数的虚伪者:他们就像今天的十岁孩童一样,完全是在表演。

19

美与丑。——没有什么比我们对美的感觉更有条件,或者不如说更狭窄的了。无论谁,如果想脱离人类的愉悦去思考这个问题,那么这个人一定会失去立足点。说"美丽就是在本身",这只是一个短语,不是一个概念。在美丽下,人把自身看作衡量美德的尺度;在特定的条件下,他崇拜他自己。一个物种只能根据它才能进行自我肯定。它最低限度的本能,是自我保存和自我繁衍,仍在升华中放射魅力。人类相信,世界本身的美德负担过重,他忘记自己是美的本源。他向世界呈现自身的美——哇!只有一个特别的人,太过于人性的美丽。在本质上,人在万物中照出自己的影子;他认为一切都是美丽的,因为可以反射出他自身的形象——"美丽"的判断是他这个物种的虚荣。对于一点点怀疑,可能会使这一问题进入怀疑者的耳朵:这个世界难道真的被这样的事实美化了——人认为世界是美丽的?他已经把世界人性化了,仅此而已。但是没有,绝对没有什么能够确保人应该成为美丽的模板。有谁知道在更高一级的美丽的判决面前,他自己应该是什么样的?可能更加勇敢?可能甚至更加可笑?可能有点儿武断?

"哦,天神,你为什么要拉我的耳朵?"在拿克索斯的一次有名的对话中,阿莉阿德尼[①]问她的哲学情人。"我在你的耳朵里发现了一种幽默,阿莉阿德尼,为何它们不是更长一些的呢?"

20

世界上没有什么可以算得上美,只有人才可以算美——全部美学都建立在这一简单的道理上,它是美学的第一真理。我们立刻加上美学的第二条真理:没有什么比衰退的人更丑了,——审美判断的领域从此被限定。从生理学的角度来看,世界上的一切丑陋的东西都会使人衰弱悲苦。它使人想起衰败、危险,以及软弱无能;它实际上剥夺了人的力量。一个人可以用功率计测算出

---

① 译者注:希腊神话中克里特王弥诺斯的女儿,传说嫁给了酒神狄俄尼索斯。

丑陋的效果。无论人在哪里受到压抑,他都可以感觉到某种"丑陋"与他临近。他的权力感,他追求权力的意志,他的勇气,他的骄傲——这一切都随丑陋一起衰落,随美丽的东西一起上升。在这两种情况下,我们得出一个结论:美和丑的前提蕴含在极其丰富的本能中。丑被理解成衰退的一个标记和表征:无论什么东西,哪怕是极其微小的让人想起衰退的理由,都会让我们作出"丑陋"的判断。每种耗竭、笨重、衰老、疲惫的暗示,每种失去的自由,比如痉挛或是瘫痪,尤其是形式的解体和腐烂的气味、颜色、形状,哪怕最终弱化为一个记号——这一切都会引起同样的反应,都引起"丑陋"这个价值判断,这是一个有关价值的判断。这里,让人产生一种憎恶之情:那么人到底憎恶什么呢?毫无疑问,憎恶他这一类型的衰落。这里,他出于至深的物种本能而憎恶;在这憎恶中,存在着惊恐、审慎、深度、远见——这是世界上所存在的最深刻的憎恨。就因为这一点,艺术才变得深刻。

21

叔本华①。——叔本华是最后一个值得注意的德国人(像歌德、黑格尔和亨利希·海涅等人一样,他可以说是代表着整个欧洲的事件,而不只是局限于一个区域的事件,或者说是一个"国家"的事件),对于一个心理学家来说,他是最为重要的研究课题之一:换句话说,他的尝试颇具恶作剧意味,但又不得不说是一次极具独创性的尝试。他为了虚无主义的根本贬低生命,却又将正相反的判决、"生命意志"的伟大的自我肯定和生命的茂盛形态引

---

① 译者注:叔本华,德国哲学家,主张悲观主义哲学,以著作《作为意志和表象的世界》而闻名。

出,作为例证。他依次阐释了艺术、英雄主义、天才、美、伟大的同情、知识、追求真理的意志以及悲剧,他认为这些都是"否定"或者渴望否定"意志"的产物——除去了基督教色彩,可以说这是历史上最伟大的心理学伪造行为。经过细致的研究,他在这方面只是基督教解释的继承人,然而也只有他知道把基督教所否定的人类伟大的文化产物在一种基督教层面和虚无主义的角度上进行认可(也就是说作为通向"解脱"的方法,作为"解脱"的预感,作为对"解脱"渴求的刺激)。

22

我这里举一个实例。叔本华喜欢以一种忧伤式的热情谈论美,为什么呢?归根到底是为什么?因为他在其中看到了一座桥梁,人们会在上面走下去,或者说形成了一种走下去的渴望。美,于他而言,是从"意志"中的短暂的解脱——吸引着人们去追求永久解脱。他特别把美赞颂为使人成功摆脱"意志焦点",也就是性欲的救星——他在美中看到对人们生理冲动的否定。多奇怪的圣人!他似乎在反驳你我,恐怕那是自然天性吧。声音、颜色、气味、规律的运动等这些美究竟为何存在于自然之中?它的存在又会向我们显示出什么?所幸也有一位哲学家对他提出了反驳。一个不亚于柏拉图这样神圣的哲学家(叔本华自己这样称呼他)的权威坚持另一种观念:一切美都刺激生殖,从最生理的层面到最精神的层面来看,这也就是美的特性。

23

柏拉图的思想更加深刻。他带着一种可能只有希腊人而非基督教徒才有的无罪感这样说道,如果没有这些美貌的雅典青年就根本不会有柏拉图哲学:只有他们的视角能够让哲学家的精神变成充斥着性欲的恍惚状态,而只有在它把一切崇高事物的种子栽入这片美丽的大地之中才会平静下来。又一个奇怪的圣人!人们不会不相信自己的耳朵了,即使他们应该要相信柏拉图。人们至少会认为他们在雅典是以不同的方式,特别是室外公开的方式进行哲学探索的。没有什么比一个隐士编织的网,比斯宾诺莎式的神的智慧之爱更不具有希腊特征了。柏拉图式的哲学作为对古老的性疯狂及其前提的深入研究和思考,或许宁可被定义为一场情欲的竞赛。那么从柏拉图的这种哲学情欲里最后会产生出什么?一种新的竞技艺术形式——辩证法。最后,我还记得一个反对叔本华而支持柏拉图的例子:古典法国的整个高等文化与文学体系都是在性兴趣的土壤上生长起来的。在其中人们无处不是殷勤、性感、性竞争、"女人"——人们永远都不会徒劳地寻找。

24

为艺术而艺术。——反对艺术中的目的的斗争自始至终都是一种反对艺术中道德化趋向、反对将艺术作为道德的附属物的斗争。为艺术而艺术就意味着:"让道德见鬼去吧!"然而,即使是这种敌意依然暴露了偏见产生的无法抵抗的支配力量。如果把道德劝诫和改善人性的目的从艺术中剔除,那样无论如何依然无法摆脱艺术总而言之是无目的、无目标、愚蠢无意义的——简言之,为艺术而艺术是一条咀嚼着自己尾巴的蠕虫。"宁可没有任何目的也不去寻求一个道德目的!"——这是一种纯粹的激情的说法。另一方面，一位心理学家反问道：所有这些艺术究竟有什么作用？它不去赞美吗？它不会颂扬吗？它不懂得选择吗？它无所偏好吗？为此，它加强或削弱一种价值的估量。这只是额外的补充？只是一种意外？一种艺术家的天性完全不起作用的事物？又或者，这难道不是对艺术家能力的一种预判吗？艺术家基本天性的目的是艺术，或者更确切地说，指向艺术的意义，也就是生命，还是指向生命的渴望？艺术是生命绝佳的兴奋剂：人们怎么能把它理解为无目的、无目标的？怎么能理解为为艺术而艺术呢？还有一个问题：艺术也让生命中那许多丑的、艰难的、令人质疑的事物非常明显；它难道没有因此也让我们的生命遭到破坏？事实上，有的哲学家就将这种说法加于艺术之上："意志的解放"被叔本华说成是艺术的终极目的；而带着崇敬之心，他把"引发顺从情绪"奉为悲剧伟大的实际效用。但是这一点我早已阐明，它是悲观主义者的观点，是"恶灵之眼"。我们必须诉诸艺术家他们本身。悲剧艺术家传达其自身的什么呢？难道不恰恰是在他所表现出来的可怕又可疑事物面前的那种无所畏惧的状态？这种状态本身是让人们渴求的，凡了解它的人都对它怀有最崇高的敬意。如果他是一个艺术家，一个传达的天才，他需要传达它，他也必须传达它。在一个强劲的敌人面前，在一场巨大的不幸面前，在一个让人感到恐惧的问题面前，拥有勇气和情感上的自由——这样一种成功的状态被悲剧艺术家选中并加以颂扬。在悲剧面前，我们内心中一个好战的自我庆祝着他的狂欢节；任何习惯于受苦的人，任何寻求痛苦的人，英勇的人以悲剧来赞扬他自己的存在——悲剧作家单单向他敬这杯最为甜蜜而又不无残酷的酒。

25

要包容他人,要以自身的心灵为他人敞开大门,这是宽大的胸怀,但只是宽大而已。人们意识到有些心灵只是所谓高贵的好客,它们上面有许多遮蔽的窗户和紧闭的百叶窗板,他们让其最好的房间空着。为什么呢?因为它们等待着他们无需"包容"的客人。

26

当我们与他人交流时,我们不再充分地尊重我们自己。我们真正的体验不是喋喋不休的。那些话语,它们尽管尽力尝试,也不能够表达自己,因为它们缺乏正确的语词。当我们把一件事情或者一种体验用言语过度表达时,我们已经失去了它们原有的意义。在一切言谈中,都包含了些许蔑视。语言的发明,似乎只是为平均的、中庸的、可交流的东西。说话者用语言将自身变得平庸。这是从聋哑人和其他哲学家的一种道德来说的。

27

"这幅画如此迷人,如此美丽……!"这个女文人,不满,兴奋,心灵和内脏却一片空虚。她充满了好奇心,一直倾听着从她机体深处低声发出的命令:"要么选孩子要么选书。"——这个女文人,所受教育足以让她领悟自然的声音,虽然它说的是拉丁语;然而另一方面她又是如此的虚荣和愚蠢,哪怕对自己也要小声用法语说:"我必须看清我自己,我必须读懂我自己,我必须达到迷恋的程度,并且我必须说:我是否有可能真有如此的聪慧?"

语言的发明，似乎只是为平均的、中庸的、可交流的东西。

28

"无私者"提出言论。——对于我们来说,没有比做到智慧、忍耐、优越更容易的事了。我们漏下宽容和同情的油滴,我们以一种荒谬的方式去做到公正,我们容忍一切。正因此我们应该更严格地对待自己,也正因此,我们应该不断发展出一小点儿情绪化的冲动,些许情绪冲动的缺点。这对我们来说或许有些艰难;在我们之间,我们也许会嘲笑我们自己提出的一些什么。可是我们又有什么办法呢?我们再也没有别的自我克服的方式,这是我们的禁欲主义,我们的忏悔变成自私的,这是"无私者"的道德。

29

在一次博士考试中。——"所有高等教育的任务是什么?"——把人变成机器。"用什么方法?"——他必须学会厌倦。"怎样做到这一点?"——通过职责观念。"谁是这方面的榜样?"——那些教人死记硬背的语言学家。"谁是完美的人?"——政府官员。"什么哲学提供了政府官员的最高法则?"——康德的哲学:作为自在之物的国家官员,是培养来专门评判各种现象的存在。

30

做糊涂事的权利。——身心疲惫而呼吸迟缓的劳动者目光亲切,对世间事物都是尽可能地释怀:现如今在这个工作的(以及"帝国"的!)时代,这种人物角色在社会各阶层中都可以遇到,他们同样主张将包括书籍尤其报刊在内的艺术作为生活的一部

在如今这样的时代，艺术有权做纯粹愚蠢的事——作为一种精神、智慧和情感的休假。纯粹的蠢事能够让人恢复元气。

分——甚至自然的美丽:意大利。迟暮之人有着"消退的野蛮本能"(浮士德这样说道),需要夏季避暑地、海岸、冰川、拜罗伊特。在如今这样的时代,艺术有权做纯粹愚蠢的事——作为一种精神、智慧和情感的休假。瓦格纳明白,纯粹的蠢事能够让人恢复元气。

31

另一个节食问题。——尤里乌斯·恺撒用来防止疾病和头痛的办法:令人惊异的边界地区,最为简朴的生活方式,一直坚持住在户外,不间断的操劳——这些一般是对付那种精细的、在最高压力下工作的机器的极端易损性的保护保养措施,我们把这种机器叫做天才。

32

非道德主义者的话。——没有什么比人尤其是充满欲望的人更倒一个哲学家的趣味了。当他看见人在行动时,那么即使他看见这个最勇敢、最狡猾、最坚忍的动物迷失在迷宫般的困境中时,他觉得这个人是多么值得钦佩啊!他依然喜欢这样的人。然而哲学家却瞧不起这样渴望着的人和"值得渴望"的人——以及一般来说所有渴望中的事物、人的所有理想。如果说一个哲学家可能是虚无主义者的话,那么他或许就真的是了,因为他在人的一切理想背后发现不了什么。或者不是什么都没有,而只是一些卑鄙、荒谬、病态、懦弱、疲惫的东西,各种从饮干的人生酒杯中倒出的渣滓沉淀物。在现实中,人是如此值得尊敬,那为何他一旦开始有所渴望就不值得尊重了呢?他必须为他在现实中是如此能干而做出抵偿吗?他一定要在虚构的和荒谬的事物中放松四肢,以此平衡他的行动以及一切行动中的大脑和意志的紧张吗？迄今为止,人的意愿史是人的可耻部位,应当防止过久地去读它。能够为人辩护的是他的现实——它会永远为他辩护。与一切纯粹渴望中的、梦想中的、卑鄙地捏造出来的人相比,现实中的人的价值到底有多少？与一切有理想的人相比呢？只有理想的人才倒哲学家的趣味。

33

利己主义的自然价值。——因为人生而有私欲,私利有其存在的价值。它可能有很大的价值,也可能毫无价值甚至是可鄙的。每一个个人都可以通过深入思量去探寻他究竟代表着的是一种上升路线的生命还是一种下降路线的生命。在这一点得到确认之后,他自身私利的价值何在也就有了一个判断的标准。如果他代表着上升路线式的生命,那么他的价值可以说是着实超乎寻常的——如果将生命作为一个整体进行考量,这需要进一步的努力,而对他的最佳条件的保护和创造可能实际上也是极端的。个人,"个体",普通人和哲学家们对它的理解是相似的,它肯定是一个错误：任何个人自己绝对不能成立,他不是一个原子,不是"链中一环",也绝不仅仅是过往遗留下来的旧事物；止于他自身,他还是一条完整的任性单线路线。如果他体现出下降式的发展态势,衰落、慢性的蜕化甚至疾病(疾病一般已经是衰落的结果而不是衰落的原因),那么他的价值就很小了,而且最起码的体面要求他尽可能少地向那些表现良好的人索取什么。他只不过是后者的寄生虫。

34

基督教徒和无政府主义者。——无政府主义者作为衰落的社会阶层的代表,他们十分愤怒地要求着"权利"、"公正"、"平等权利",而他们只是经受着他们自身愚昧的压力,这让人们不知道他们受苦的原因究竟是什么——他们究竟缺少什么?是生命。他们身上一种有因可循的天性在体内十分强烈:他们处境不好一定是某个人的错造成的。甚至"十分愤怒"本身便已让他们感到平静缓和,而责骂对于所有卑鄙的恶灵来说是一种满足:它提供了一种很小但令人陶醉的权力感。甚至哀怨和抱怨也能赋予生活一种魅力,也正因此,人们可以去容忍它:在任何抱怨中都有些许精巧的复仇,人们因为自己的坏处境,有的甚至因为自己的不良品质而去责备与他们不同的人,似乎责备一种不公正,一种不被允许的特权。"如果我是卑微的人,那么你应该也是卑微的人。"——人们根据这样的逻辑嫌弃一次次革命。抱怨自始至终都是无用的,因为它源自软弱。一个人是向别人还是向自己指控他的不幸——举例说,社会主义者是前者,而基督教徒是后者——其实无真正的差别。两者的共同之处,在我们看来也就是无价值之处,是有人应当对他的受苦肩负责任;简而言之,受苦者为自己开一付消除痛苦的复仇蜜糖。这种复仇的需求也是一种对于快乐的需求,它的目的对象是可能的原因:受苦者从各个角落为他的渺小的复仇欲望寻找原因——再重复一遍——他会在自己身上找到这样的原因。基督徒和无政府主义者这两类人都是颓废者。当基督徒谴责、诽谤、诋毁"世界"时,他的本能天性与促使社会主义工人谴责、诽谤、诋毁的本性是一样的。"最后审判日"是复仇的甜蜜安慰——革命,就像社会主义工人同样期待的一样,只是被设想成稍微遥远一点而已。"远方"——倘若它不是作为一个手段来诋毁这个世界,为什么要有这样的一个远方呢?

35

颓废道德批判。——一种"利他主义"的道德,一种使自私缩减的道德,无论在什么情况下它始终是一个否定性的征兆。这一点对于个人来说是真实的,这一点对于一个民族来说也绝对适用。一旦开始削减自私,缺乏也就成了最好的东西。本能地选择对自己有害的东西,去感受"无私的"动机的吸引,从道德角度来看这就是颓废的公式吧。"不要去寻求私利"——这只是一块道德的遮羞布,人们以此来掩盖一个截然不同的事实,也就是这样一个生理状态:"我再也不懂怎么寻求个人私利。"本能的瓦解!——当一个人变得没有私欲之时,他也就完了。——颓废者不会天真地说:"我没有任何价值了。"颓废者口中的道德谎言是:"什么东西都没有价值,生命也一样毫无价值。"这样一种评判自始至终都是非常危险的,并且具有传染性——在整个社会的病态土壤上,它很快就增殖为繁茂的具有观念的热带植物,此时是宗教(基督教),一会儿又是哲学(叔本华主义)。有时候,这种从腐烂中生长出来的有毒植物,它的气体会长久地毒害其他生命。

36

医生的道德。——病人是社会的寄生虫。在一定情形下,活得过长并不受人欢迎。在医生和医术的辅助下继续卑微地苟活,在生命的意义和生命的权力已经丧失之后,或许理应受到社会深深的蔑视。而医生恐怕就是这种蔑视的媒介——不是药方,而是每天一剂新的恶心厌恶。在任何情况下,凡是生命或者说上升的生命,其最高利益要求无情排斥和扼杀衰败的生命,而要给医生赋予一种新的责任,都要他负责任——例如决定生育权、出生权、生存权。如果一个人不再能骄傲地活着的话,不如就骄傲地死去吧。自主选择的死亡,适时的死亡,都清朗而愉悦地执行于孩童和目击者之中,因而一个真正的告别还是可能的,因为即将辞别的人还在那儿,这样也就可以对其成就和意愿作一个真正的评价,对其生命作一个总结——所有的这些都与基督教徒在弥留时刻所表现出的令人怜悯而又恐惧的喜剧大相径庭。不要忘记了,基督教的目的就是在利用垂死之人的脆弱来蹂躏他们的内心,通过死亡这种方式判定一个人和他的一生的价值!于是在这里,尤其不能容忍一切怯懦的成见,毕竟所谓自然死亡的真正价值也就是生理价值——它说到底终究也只是一种"非自然"的死亡,或者说是一种自杀。一个人的死亡绝对不是他人造成的,而是自己。但是通常这样的死亡是最为让人蔑视的,不自由的,不适时的,懦弱的。人应该是出于对生命的热爱而去寻求另一种死的方式:自由的,清醒的,不是偶然突发,也不是猝不及防的。

最后,为我们亲爱的悲观主义者们和其他颓废者提一点意见。我们是不能阻止自己的出生的,但是我们能够改正这个错误——因为有时它的确是个错误。当一个人除掉了自己,他便做了世上最有价值的事情:他因此可以说获得了生活的权利。社会——我说什么呀?——生命本身由此获得的利益要比依靠其他任何形式,例如听天由命、贫血或者其他德行的"生活"所获得的都要多得多,因为他帮助别人摆脱了他眼中他人的景象,他消除了生命的一种异议。纯粹的、严格的悲观主义只有通过悲观主义者自我反驳才得到证明:一个人必须把他的逻辑推进一步,而不是像叔本华那样仅仅用"意志和表象"来否定生命——他必须首先就去否定叔本华。附带说一点,无论悲观主义多么富于传染性,它无法也没有增加整个时代、整个世代的疾病——它只是这种疾病的外在表达。一个人屈服于它,正如被霍乱降服一样,他必定也已病弱得不得不去屈服了。悲观主义本身并不会制造出一个颓废者。我记得一个统计结果:在霍乱流行的几年里,死亡人数的总数与其他往年的结果并没有多少不同。

37

我们是否变得更有道德了。——正如我当初所预料的——道德愚昧的所有凶残本性(这一点在德国被误解为道德本身),众所周知,正竭尽所能地、疯狂地反对我的《超越善恶》中的概念,现在,我正要谈谈有关这方面的故事呢。首先,人们要思考我们的时代在道德判断方面"毋庸置疑的优越性所在",我们在这方面实际作出的进步包括:与我们自己相比,一位撒伯格(他是一位红衣主教)在任何方面决不能被看作是一个"完人",一个超人。一个瑞士的编辑,竟然能够不辞劳苦地理解我的工作意义之所在——不是没有对我的勇气和胆量表示尊敬——而是要求我废除一切正派的情感。谢谢你!作为答复,我胆敢问个问题:我们是否真正变得更有道德性了?全世界都相信这一点,这绝对是客观的,没有异议存在。我们现代人,非常柔弱,非常容易受伤,互相关怀,问寒嘘暖,我们相信我们确实代表了人性,在相互帮助、信任方面我们不遗余力,在这方面,我们远远超出了文艺复兴时期的人。但是,那就是每一个时代的想法和它必须的想法。确定的一点是,我们不会把自己置身于文艺复兴的时代,也不是一种思想行为:我们的神经不会忍受那个现实,更不用说我们的肌肉了。

但是这样的不行不能证明进步,只有另一个后来的情况,这种情况甚至更加软弱、无力,更容易受伤害,这一定会在思考中产生道德。如果我们想象一下我们的软弱和迟钝,我们的身体老化,那么我们人性化的道德很快会失去的价值(它内部的道德没有任何价值)——它甚至会激起别人的蔑视。另一方面,让我们不要怀疑,我们现代人的任性,裹着厚厚的棉被,不惜一切代价地保护自己不受任何碰撞,这如果在撒伯格同时代人的眼里,简直就是个笑料,他们会笑到肚子疼。实际上,我们很不明智,很搞笑,以为我们自己拥有了现代人的"美德"了。本能是敌意的,会激起不信任,本能的衰退就是我们所有的"进步"之所在——这仅仅代表了普遍活力下降的后果:它要求多一百倍的麻烦和谨慎,才能使有条件的、迟到的生命苟延残喘。在这里,大家互相帮助;在这里,人人在某个程度上都很虚弱,人人都是照顾病人的护士。这就叫做"美德"。在理解生命不同意义的人中——在生命更加丰富、更加挥霍和热情洋溢的人中,它有另一个名称,也许可以叫做"懦弱",可能也可以叫做"可怜"、"老奶奶道德"。

我们的礼仪是柔韧的——这是我的命题;也就是说,如果你愿意,可以说是我的创新——是衰退的结果;相反,道义的严厉和可怕可能是生命力过度的一种后果。因为只有在这种情况下,才有许多人敢于冒险、敢于挑战、敢于浪费。从前是生命的调料,现在对于我们来说,却成了毒药。不同的一点是——那也是一种力量的形式——因为同样,我们也老了,也迟了。我们的同情道德,就这一点,我是第一个提出警告的人——人们可能会将它称作"道德印象主义"——这是另一个身体方面过于激动的一种表达形式,这是任何颓废事物的特征。那一刻,它试图用叔本华的同情道德在科学地介绍自己——这真是一个不幸的企图！——这是道德颓废的真正时刻；这样，它便和基督道德联系到了一起。强大的时代、崇高的文化都会考虑同情、"睦邻之爱"以及自我的缺乏和诸如其他可以鄙视的品质在内。时代必须按照它们积极的力量进行衡量，文艺复兴的时代，极其挥霍和多灾多难，它是历史上最后一个伟大时代。而我们，作为现代人，却因为我们非常胆怯的对于自我的操心和睦邻之爱，我们的劳动、谦虚、合法、科学的美德——搜集、节约、陈规——使我们的时代成了一个衰弱的时代。我们的德行是由道德印象主义作为条件和前提的。我们的衰弱所决定、所要求的"平均"，这是一种事实上的相似性，所谓"平等权"理论仅仅是它的表达方式，它是衰落的本质特征。人与人、身份与身份之间的距离、类型的多样性，实现自我的意志——我把这一切称为"庄严的距离感"，它是每个强大的时代固有的特征。如今，抵制紧张的力量和极度紧张之间的宽度在日益缩小；最终，极端自身慢慢消失，成为类似的一点。我们所有的政治理论和国家宪法——"德意志帝国"绝对不是例外——它都是衰落的结果、必然的后果；颓废的无意识影响竟然掌握了某些科学的理想。我对整个英国和法国的社会学一直持有反对意见，它们从经验中只了解到社会衰败的形式，并且它们完全无知地把自己的衰败本能看成是社会价值判断的标准。生命的衰败，一切组织力的分裂，即使人服从和指挥别人的力量在衰落，这些都被今天的社会学用同一的公式，看作是理想。我们的社会主义者是颓废者，但赫伯特·斯宾塞先生也是一个颓废者：他在利他主义的胜利中看到了胜利的曙光！

38

　　我对于自由的概念——一个事物的价值有时候并不在于靠它所获得的东西,而在于为它所付出的代价——它是我们所花费的成本。在这里,让我举一个例子。自由主义机构一旦成立,就不再是自由主义的了,此后没有比自由主义机构更加差劲和彻底地损害自由的东西了。它们的效果早就为人们所知晓:它们削弱了权力的意志;它们拉平了山脉和峡谷,还让它们成为道德;它们使人们矮小、怯懦而又沾沾自喜——每次,一群群动物总会靠着它们而高唱凯旋之歌。换句话说,自由主义就是使人类的种群动物化。只要这些相同的机构在争取获得什么,它们就会发生异常的作用;它们在事实上会用一种强有力的方式促进自由。仔细观察,是战争产生了这些作用,是这些为自由主义机构而进行的战争,使非自由主义的本能得以继续存在。战争会促成自由。

　　那么什么是自由?就是一个人有意志,向自己承担责任。是一个人坚持要把我们分开的距离。就是一个人变得对艰难、辛劳、匮乏甚至对生命本身更加无所谓。甚至是一个人准备着为他的事业牺牲人类,也包括牺牲他自己。自由意味着男人的本能,这种本能在战争中得到愉悦,这是一种控制其他本能的胜利,例如支配包括"幸福"在内的本能。人一旦自由了,便有着极其自由的精神,他们脚下踩着小贩、基督徒、母牛、女人、英国人和其他民主分子所梦想的可怜无比的舒适,这一点让人鄙视。自由人是斗士。怎样在个人或者在社会中自由衡量自由呢?依据必须克服的阻力,依据要求付出的努力,最高类型的自由人必须到永恒持久的最大阻力点去寻找:离暴政五步之远,紧接奴役危险的门槛。

这一点在心理学上是真实的，因为在"暴虐者"统治下激发了无情的、可怕的本能，它产生了最大限度的权威和自我克制（尤里乌斯·恺撒是最完美的典型）。这一点在政治上也同样真实，一个人只要回顾一下历史就可以看到。曾经有过某些价值、获得一定价值的人民不可能是在自由主义机构下获得这些价值的，是在巨大的危险下，一些人才获得了一些受人尊敬的东西，仅仅危险，它教导我们熟悉我们自身的资源、我们的美德、我们的武器、我们的精神，危险迫使我们坚强——重要的一点是，一个人必须学会坚强，否则他决不会坚强。——那些目前我们所知道的培养坚强人类的温室——罗马和威尼斯那样的贵族共和国，恰恰能够理解我所理解的意义上的自由：它是一个人所具有或者不具有的东西，一个人想要的东西，一个人努力争取得到的东西。

39

批判的现代性。——我们的机构根本一无是处，在这方面，大家普遍认同。然而，这不是它们的过失，责任在于我们自己。一旦我们失去了机构赖以生成的本能，我们就会失去全部机构，因为我们对这些机构不再有作用。民主主义在组织权力的方面一直处于衰退期：在《人类，太过于人性》一书第一章的472页里，我已经把现代民主连同诸如"德意志帝国"在内的半成品，看成是国家衰退的形式。为了机构的存在，必须存在一种意志、一种本能或者命令，这一切都必须是反自由的，甚至到了邪恶的程度：传统、权威、责任的意志在今后的几个世纪中，几代人世代团结、共同延续下去。如果这样的意志存在，像罗马帝国这样的东西就有了存在的根本；或者像俄国一样，它是现今唯一延续下来的有活

危险教导我们熟悉我们自身的资源、我们的美德、我们的武器、我们的精神,危险迫使我们坚强——重要的一点是,一个人必须学会坚强,否则他决不会坚强。

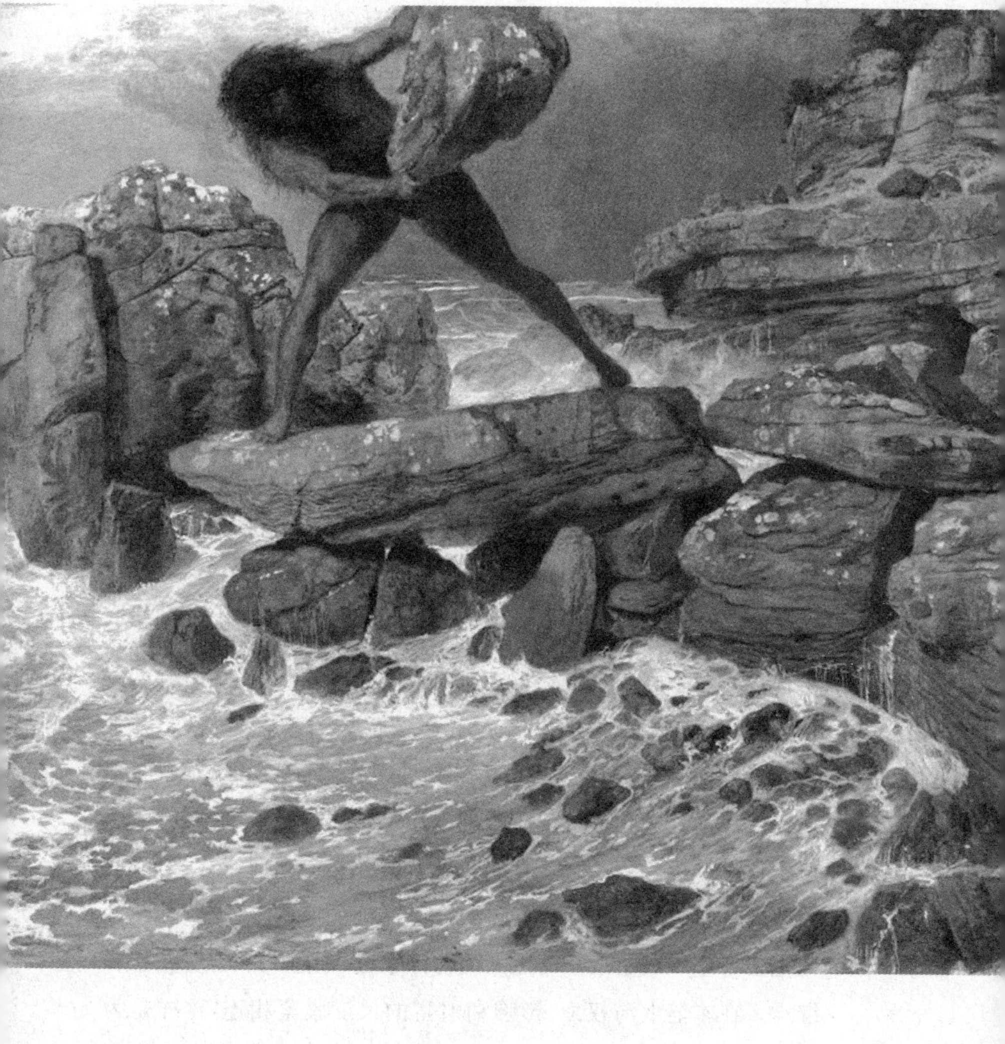

力的国家,它能够等待,还能给我们承诺好的东西。——俄国,这个概念暗示着可怜的欧洲的紧张和小国体系的对立面,它随着德意志帝国的简历而进入到了一个关键期。整个西方不再拥有机构成长与未来发展的本能——可能没有什么东西如此严重地不符合它的"现代精神"了。人们做一天和尚撞一天钟,匆匆了事,活得很不负责任,还准确地说自己是"自由"的。把小机构发展为大机构的东西,正在遭受蔑视、憎恨和排斥:只要听到有人大声说出"权威"一词,人们就害怕自己将会面临新的奴役的危险,瑟瑟发抖。就是这样,在我们政治家、政治党派的价值本能中,颓废在日益膨胀着——他们本能地偏爱解体的东西,而这将会加速末日的到来。他们见证了现代的婚姻。一切理性已经清晰地从现代婚姻中取出;但这里并不是在反对婚姻,而是反对现代性。理性的婚姻——它的基础是丈夫的法律责任,这使得婚姻有了中心,而今天婚姻正跛足前行。婚姻的理性存在于它对原则的不可溶解性,因此可以让人感觉到它的情感、热情和偶然性。婚姻的理性也存在于选择配偶的家庭责任中。随着对配偶选择的日益放纵,婚姻的根基正在消失,这就造成了现在本能的基本情况。机构绝对不能建立在过敏反应的基础上。正如我所说的,一个人绝对不能把婚姻建立在"爱情"的基础上——它可以建立在性冲动、财产冲动(妻子和孩子是财产)和控制冲动的基础上,这些连续性地把自身组织成了最小的控制结构即家庭,而这一点需要孩子和继承人在本能上与权力、影响和财富的尺度紧紧相连,这样是为长期的任务作准备,为几个世纪的团结本能作准备。婚姻,作为一种本能,它包含了对组织的最大和最有耐力的形式的确认:当社会不能确认自身是个整体时,下至最显然的每一代人,婚姻整体上已经完全没有意义。现代婚姻已经失去了它的意义——结果,有一个人会废除它。

40

劳动问题。——愚昧性——从根本上说,本能的衰退在今天看来,是一切愚昧的根源——在于根本上有劳动问题的存在。有些东西,人们没有疑问:这是本能的第一命令。我仅仅不能看出一个人打算对欧洲工人做些什么,既然他已经对他们有了疑惑。工人们的生活情况很好,不会出来要越来越多的东西,不会恬不知耻地发文。最终,他们是多数派。一个谦虚、自足者的希望永远消失了,一个中国式的类型可能会在这里建立一个阶级,这有它存在的理由,它几乎总有必要性。但是,人们做了什么?在萌芽状态时就已经把条件毁灭干净:拥有了美德的本能,工人才可能成为一个阶级,才可能在他自己的眼里,被别人用最不负责任的不假思索,给彻底毁灭殆尽。工人们很有资格参军,他们有权组织和投票:难怪今天的工人正经历着他自己的苦难——从道德上讲,这就是不正义吗?但人们想要什么?我再一次发问。假如一个人要的是结果,他也必须想要方式;假如一个人想要奴隶,如果他又教育他们成为主人,那他一定是个笨蛋。

41

"我指的不是自由。"——在今天这样的时代,对本能的放弃更是一种灾难。我们的本能在互相冲突、打搅、毁坏。我已经对现代生理上的自相矛盾作了清楚的定义。教育中的理性要求,在铁的压力下,至少其中一个本能系统会瘫痪,而使得另一个系统获得权力,变得强大,成为主人。今天,仍然必须对个人进行整改,可能才会意味着整体。所发生的一切正好相反:现在那些缰绳已经完全松弛的人正在要求获得独立和独立发展。这一点在政治方面也适用,在艺术方面也同样适用。但是这就是颓废的症状:我们的"自由"的现代概念更加是我们本能衰退的证据。

42

任何地方都需要忠诚。——在哲学家和圣人中,没有什么比诚实更为罕见。可能他们会说相反的东西,可能他们甚至相信它。因为当忠诚比内心的虚伪更有用、更有效、更有说服力时,这时,虚伪会很快本能地变得无辜:这是理解伟大圣人的第一原则。哲学家们仅仅是另一派的圣人,他们的全部技巧很深,他们不得不承认某些事实——也就是说,他们的策略必须与公共裁决相适应——在康德的眼里,就是事件理性的真理。他们在"真理"、"你不应该撒谎"这一方面相互认同。换句话说,我谨防亲爱的哲学家在讲真话。

43

对保守党人的耳语。——过去还有什么事不知道,我们已经知道了什么,或者我们可能知道了什么,今天正相反,在任何意义或程度上都是一个回复,这仅仅是不可能的。我们生理学家们知道这一点。然而,所有的牧师和哲学家们已经相信了相反的东西——他们想要把人类往回拉,回到一个过去的美德尺度中。道德是普洛克路斯忒斯①的床。在这一点上,甚至是政治家已经模

---

① 译者注:普洛克路斯忒斯,希腊神话中的强盗,抓住路人放自己的床上,如果长就砍掉腿脚,如果短就拉长。

仿了美德的布道者；今天仍然有一些派别在梦想着一切事物都像螃蟹一样横着爬行。但是，没有人能够像螃蟹一样自由。没有办法，人们必须往前走——一步一步地走向颓废(这就是我对于"进步"的定义)。一个人能够检查这种发展，然后慢慢颓废下去，慢慢积聚，完成蜕变，最后突然什么也做不了。

44

我的天才概念。——伟人犹如伟大的时代，是炸药，巨大的力量会积聚在其中。他们的历史和生理前提总归是：许多东西积聚了漫长的时间、慢慢保存、积累——很长时间没有爆炸。一旦整体的紧张程度过高，大部分偶然的刺激物足够把"天才"、"事业"等伟大的命运全都召唤到世界上来。那么环境有什么作用呢，或者时代、"时代精神"、"民意"又有什么作用呢？以拿破仑为例吧。革命的法国，尤其是革命前的法国，纵火带来相反类型的东西：事实上，确实带来了。因为拿破仑不一样，他比起已经摇摇欲坠的文明而言，他是一个更加强盛、古老的古代文明的法国后裔。伟人是必需的，他们出现的时代是偶然的，他们几乎总会成为他们时代的主人，这是因为他们更强大、更古老，因为很多东西在他们身上积聚很长时间了。天才与时代的关系就如同强与弱的关系，或者如同年老与年幼的关系一样：时代是相对年轻、瘦弱，更加不成熟的、不太有把握的、更加幼稚的。在今天的法国，他们对这一主题的看法不同(在德国也一样，但这没关系)，在那里，环境理论，或者真正可以说是一种神经病患者的理论，已经变得神圣不可侵犯，几乎成了科学，在哲学家中也已经有了继承人——"闻上去有了异味"，已经激起了不良的反应。在英国根本不同，但这不会让任何人哀思。对英国人而言，与天才和"伟人"相联系的只有两条道路：巴克尔的民主方式或者卡莱尔的宗教方式。存在于伟人和伟大时代中的危险很突兀；各种耗损和贫乏正尾随其后。伟人是一个终结；伟大的时代——比如文艺复兴时期——就是一个终结。天才，在工作和从事着各种事业，他们一定是挥霍者——他们在挥霍自身，那就是他们的伟大性！自我保存的本能仿佛被束之高阁；过度外溢的压力，迫使他们不能谨慎小心。人们把这称为"自我牺牲"，赞扬他们具有"英雄主义"。他们对于自己的幸福熟视无睹，他们热衷于理想、事业或者祖国——无一例外，都是误解。他们奔腾、泛滥、耗竭自身的能量，而且是不遗余力地——这就是不自觉的灾难性的厄运，绝不亚于河流泛滥，淹没岸边。然而，因为这些爆炸物人们受惠匪浅，人们也需要相应回报：例如，用一种更崇高的道德。毕竟，那就是人们感激的方式：它误解了它的受益人。

45

罪犯及其亲属。——罪犯的类型是一种处于不利条件下的强大人类的类型：一种病态的强者。他缺乏荒野，这是一种更为自由和更为危险的环境和存在形式，这里，一切武器和强大人类的本能的防卫都会合法地存在。他的美德被社会婉拒；他所赋予的最生动的驱动力迅速地与绝望的情感共同生长——与猜疑、害怕以及可耻一起。然而，这几乎是促成生理方面退化的药方。无论谁都必须秘密做自己最拿手、最喜欢做的事情，他怀着长期的紧张、谨慎和诡秘，因为他总是收获危险、迫害和灾难，他对于这些本能的态度刚好相反，他认命地经历着这一切。这就是社会，

天才，一定是挥霍者——他们在挥霍自身，那就是他们的伟大性！

我们巡视过的、中庸的、阉割过的社会。这里，自然人如果来自山区或者海洋的冒险中，都必须被退化为罪犯，或者几乎必须。因为有无数的情况，这样的人可以证明比社会更强大：科西嘉人拿破仑便是最有名的例子了。陀思妥耶夫斯基对于这一问题的证词是相关的——陀思妥耶夫斯基是唯一一位卓越的心理学家，碰巧我不得不从他身上学习了一些东西。他是我生命中最美好的一次邂逅，甚至超过了我对司汤达的发现。他是个杰出的人，他有十倍的权利去低估肤浅的德国人，他长期生活在西伯利亚犯人中间——那是一些重罪犯人，他们已经没有办法回归人类社会——他发现这些重罪犯人身上有着与他期望的许多不同之处：他们几乎是用俄罗斯土壤中最好的、最坚硬的有价值的木材雕刻而成的。让我们总结一下这些罪犯的情况吧，让我们设想一下，有如此建构的人由于某种原因却失去了公众的信任，他们被看成是无益或者无用的——他们怀着一种自己是贱民的感觉，人与人不是平等的，自己是被人放逐、无价值的、起污染作用的东西。所有这些建构者在思想和行动上都具有地下生活者的色调；他们身上的一切都比日光普照下的人们要苍白。然而，今天几乎一切我们所认为值得提倡的生存方式，都曾经生活在半坟墓状态的氛围中：科学家的品格、艺术家、天才、自由的精神、演员、商人、伟大的发现者都是如此。只要牧师被看作是较高级别的类型，那么每个有价值的人都会遭到贬低。我确信，这样的时代会来临，牧师将会被看作最低类型的人类，被看作我们的贱民，看作最不体面的人类。即使在现在，我还注意到一个事实——风俗的管理在地球上，或者至少在欧洲，是最为吻合的——每一种怪异，每一种长期的隐私，每一种不常见的、不透明的生存方式，都使得一个人更接近于罪犯身上所完成的类型。精神的所有革新者必须在额头上刻下永久的贱民标记——这不是因为他们曾经被如此地看待,而是因为他们自己感觉到了一条可怕的间隙正隔离着他们和惯常的或者传统的一切。几乎一切天才都知道,随着他发展的一个阶段是卡提利纳①式的生存——这是一种憎恨、报复和反叛的情感,对待现存的、不再生成的一切都持有该情感。卡提利纳——每一个恺撒的前生存方式。

46

在这里我们的视野没有阻碍。——它可能是当哲学家沉默时心灵的高贵状态,它可能是当哲学家自我反驳时的爱意,拥有知识的他可能会足够礼貌地去撒谎。已经说过,而且风度翩翩。人们不无优雅地说:伟大的心灵去传播他们所感受到的内心的不平静是不值得的(用法语表达)。但是一个人必须补充到,不怕最没有价值的东西可能也是灵魂的最伟大之处。一个恋爱中的女性会牺牲她的荣誉;一个"爱着"的智者,可能会牺牲他的人性;一个爱过的上帝,变成了犹太人②。

47

没有偶然之美。——种族或者家庭的美,他们所有方面的优雅是通过自身的努力赢得的——像天才一样,这是多少代人努力聚集的最终结果。一个人必须作出巨大的牺牲,才能拥有优良的品位,一个人必定做了很多、放弃了很多,为了这个的缘故——十

---

① 译者注:卡提利纳,是古罗马贵族,他的暴乱阴谋被西塞罗发现并挫败。
② 译者注:尼采这里指的是上帝耶和华化身为耶稣降临人世的圣经典故。

七世纪的法国在这两方面都是值得大家膜拜的——优良的品位必定有高雅地选择同类、住所、衣着、性满足的原则；一个人必定爱美超过爱利益、习惯、观念、懒散。最高的行为准则：即使一个人独处也是如此，一个人决不能"放纵自我"。美好的东西是价格昂贵的。法律总是坚持认为，凡是拥有它们的人不同于那些掌握了它们的人。优秀的东西都是遗传下来的——凡是不是遗传的必定不是完美的，仅仅是个开端。在雅典，在古罗马西罗塞时代（人们会对这一点表示惊奇），那时的男人和少年比女性美丽。但是，在这几百年中，在男性美德方面人们又作出了什么样的努力来保持和提高这种美呢？因为一个人应该在这种情况下对这种方法不犯任何错误：一种流血的感情和思想什么也不是（这是支撑德国教育的巨大误解，完全是幻觉）。一个人应该首先说服自己的身体，严格地坚持有意义的、精致的姿势，一种仅仅同于"放纵自己"、和自己人共处的约束力——这对于一个人要变得有意味和精致，是完全足够的，在两三代中，这一切都会内化。对于许多人而言，这是决定性的，在人性方面，文化应该起始于恰当的位置——不是在"灵魂"中（正如宿命迷信论中的牧师和半牧师所言）：正确的位置在身体、姿势、饮食、生理的一切细节当中，其余的则遵循肉体的原则。因此，希腊人在历史上一直是文化第一性，他们认识和做需要的事情；而基督教鄙视身体，这已经成为人类目前为止最大的不幸了。

48

我所理解中的进步。——我也谈谈"回归自然"，虽然它其实不是一种倒退，而是一种上升——上升到崇高、自由甚至可怕的自然和天性中,这样一个人会玩弄并可能会戏弄伟大的任务。比喻性地说下,当我理解这个短语时,我把拿破仑看作"回归自然"(比如说,在设置迷阵的战术方面,甚至军事家都知道,有关战术方面)。但是卢梭——他想回归到哪里去呢?卢梭,这第一位现代人,一个理想家和贱氓于一身——一个需要道德"崇高"的人,为了能忍受自己的观点,他因为无限的虚荣和自负而感到恶心。这个躺在新时代门槛上的畸形儿也想要"回归自然";再问一遍,卢梭想回归到哪里?我仍然憎恨法国大革命中的卢梭——这个理想主义者和贱氓的双重人物,这是个世界历史性的表达。血腥闹剧成了大革命的重要方面——不道德性,这与我不相干。我所憎恨的是卢梭的道德——所谓的大革命的真实,它仍然还在起作用,仍然在吸引着一切肤浅与平庸的人。这就是平等的道义!任何地方都没有比这更有毒性的毒药了,因为它看上去是在用争议进行鼓吹,它其实是正义的终结。"给平等者以平等,给不平等者以不平等。"——这将会是正义的呼声,我们也可以推导出:"不要把不平等变成平等。"这个平等的道义被一些恐怖和流血事件所包围,这给这个"现代思想"罩上了光辉和火焰,让革命如同奇观一般甚至把高尚的人都吸引过来了。最终,再没有尊敬它的任何理由了。

我只看到一个人看到它就感到恶心,如同必定能够感受到它的恶心之处一般。这个人就是歌德。

49

歌德——不是一个德国事件,而是一个欧洲事件;这是一个伟大的尝试,企图通过回归自然,通过上升到文艺复兴的自然性来克服十八世纪——这是一种对那个世纪的自我克服。他内心怀有最强大的本能,敏感、崇尚自然、反对历史、理想主义、非现实的、革命的(后者仅仅是不真实的一种形式)。他从历史、自然科学、古代以及斯宾诺莎中寻求帮助,但首先,他从实际活动中寻求帮助;他用有限的地平线封闭自己;他没有从生活中隐退,他仅仅把自己圈进其中;他虽然入世不深,但他什么也不放弃,他想把一切都融为己有。他想要的是全部,他与理性、感性、情感和意志抗战(与歌德意见相反的康德一直在鼓吹这种最令人生畏的哲学);他训练自己以成为完整,他创造自己。在有不真实外观的时代中期,歌德是一个现实主义者——他对这方面与他相关的一切表示赞同——他没有比拿破仑的现实主义更伟大的经历。歌德创造了一个强壮、有很高教育水平的、在体态方面灵巧无比的、有自制力的、尊敬自己的人,他敢于把大自然的所有的财富给予自己;他如此强健,能够获得这种自由;他是一个有容忍力的人,不是出于软弱,而是出于力量,因为他知道怎样使用它的优势,甚至自然天性可能会毁灭;对于他来说,没有什么是禁止的——不管是善还是恶,除非是软弱。这样的解放了的人,带着快乐和信任的宿命论自由地行走在万物中。他置身于一种信仰中,只有当个体被抛弃,在一切万物中都得以救赎和肯定——他不再否定。然而,这样的忠诚是可能存在的最高的忠诚形式:我用酒神狄俄尼索斯的名字为它洗礼命名。

50

可以说,在某种意义上,十九世纪也在努力追求歌德作为一个人在努力探索的东西——理解和欢迎的普遍性,让一切接近自身,一种大胆的现实主义,对一切现实的反叛。没有歌德,整个结果是什么样呢?只有混乱和虚无主义的叹息声,完全无所适从,一种在疲惫中不断追求十八世纪的复归?(比如,如同一个浪漫主义的情感、博爱和多愁善感,品位上的女性主义,政治上的社会主义。)难道十九世纪,尤其是在接近尾声时,仅仅是一个野蛮化的十八世纪,也就是一个颓废的世纪吗?那么歌德不仅对于德国,而且对于全欧洲,都仅仅是个意外,一次美丽的"徒劳"吗?但是一个人假如从公共利益的苦难的角度看待这个问题的话,就会误解伟人。一个人不能向伟人索求任何利益,这本身就属于伟大性所在。

51

歌德是我所尊敬的最后一个德国人:他感觉到了我所感受到的三样东西——在"十字架"这一观点上,我们意见一致。常常有人问我,为什么要用德语在写作,因为我在任何地方都不像在祖国被人糟糕地阅读。但是谁知道最终我是否还希望自己今天被阅读呢?创造时间也无法测试的事物,在形式、物质上,努力实现不朽——我从来没有如此谦虚地对自己有更少的要求。格言和警句是"永恒"之形式,在这方面,我是作为德国人的使用大师;其他人用一本书说完的东西,我用十句话说完,这是我的雄心壮志——每个其他人不会在一本书里说的。我给予了人类所能拥有的最棒的一本书,我的《查拉图斯特拉如是说》:很快,我又将给予人类另一本最富有独立性的书①。

---

① 译者注:这里指《权力意志》一书。

第九章 我需要感谢古人

1

作为总结，我一直在寻找到达世界的一个词语的各种途径，我可能已经找到了新的方法，通向古人的世界。我的品位，可能与大家所容忍的品位恰恰相反，与那些不管三七二十一，统统说"对"的品位完全是两码事，我不喜欢说"对"，相反，我喜欢说"不"；但我最喜欢的还是说"什么都不是"。这一点可以应用到所有文化中，它可以应用在书中，也可以应用到各个场所和景色中。从根本上，它包括了很少量的我一生中所看过的古书；其中最有名的，当然也包括在其中了。我的风格是，也就是作为风格的警句诗，是在当我接触了萨勒斯特后，被迅速激活的。我从来没有忘记过我对自己所崇拜的老师科森的惊讶之情。当时，他不得不给拉丁文学得最糟的学生打上最好的成绩。我学完这门课后立即成熟了。严格、缜密、充满信心、对美好的词语和美好的情感充满嘲弄——我发现我变成了这样的人。甚至在我的查拉图斯特拉中，人们会察觉到我的罗马风格的雄心壮志，那是一种比青铜器更加有持久力的风格。

我的经验在我第一次接触贺拉斯时也没有任何不同。直到今天为止,贺拉斯颂歌从一开始就给予我的艺术上的快乐,是没有其他任何一位诗人能给我的。在某些语言中,它所达到的高度是其他任何诗人无论如何也达不到的。这种词语的拼接,其中的每一个词语,比如声音、位置以及概念,都会在左侧、右侧和全部喷发出力量,这是在符号的程度和数量上的最小化,并且在符号的能量上也达到了最大量,这一切就是罗马语言所带来的。假如大家相信我的话,罗马语是无与伦比的。相比之下,所有其他的诗歌则变得太过于平常了——仅仅是感情的饶舌罢了。

2

我不会以任何方式对希腊人表达相似的感激,他们对于我的感情无论怎样都比不上罗马人。一个人不会从希腊人身上学到什么,他们的举止过于崇洋媚外,变化太多,有专横的古典效果。谁能从希腊语中学会写字?谁又能不从罗马人身上学会写字作文?

天哪,不要把柏拉图扔给我。我是个柏拉图怀疑者,我从来都不能加入到对艺术家柏拉图的崇拜队列中去,而在学者中是习以为常的。最后,对古人品位的微妙评判就在我这里。对于我而言,柏拉图把所有的修辞形式都抛弃了,他是位一流的风格颓废者——他的责任与塞涅卡有一拼,是这个人发明了迈尼普斯讽刺。如果有人会被柏拉图的对话所吸引,简直可以说这是一种极其自负并且相当幼稚的对话体。那么,我们可以说这个人肯定没有读过经典的法国作家的作品,比如丰特奈尔之类。柏拉图真是个极其乏味的人。最后,可以说我对柏拉图的偏见很深:他完全偏离希腊人的基本本能,是个精神错乱者,是个说教者,是个前世基督徒——他已经在最高概念上执行了"良好概念"——对于柏拉图的所有现象,我很快就会使用严厉的短语——"更高明的诈骗犯",或者使用听上去好听点的"理想主义者"来形容。我们对下面的事实已经付出了过高的代价了:这个雅典人是在埃及人那里受的教育(或者是在埃及的犹太人那里?)。在大灾难中,基督教徒——柏拉图代表了歧义和迷恋,这被称为"理想",这使得古代的高尚者能自我误解,并且他们能够走上通往十字架的桥梁。柏拉图正是在"教堂"的概念里,在教堂的结构、系统及实践中!

对于柏拉图主义,我的娱乐、我的偏好、我的疗法总是存在于修昔底德身上。修昔底德,也许还有马基雅维利的《君主论》,可能与我自己的联系最为密切,这是一种无条件的意志,欺骗我自己,看见现实中的理性——而不是在理性中,更少的是在"感性"中。对于希腊人对理想的可怜的装饰,是"古代受过教育的"青年作为课堂技能训练的奖品而带进生活中的东西,没有比修昔底德更完整的疗法了。人们必须一行一行地研读他的思想,必须非常清楚地朗读字里行间:几乎没有思想家能在字里行间说出这么多含义。跟随着修昔底德的文化,我的意思是这才是现实主义者的文化,这样才是完美的表达形式——这样无法估计的运动在说教者和理想派的诈骗犯中,用苏格拉底流派作为武器来对抗。希腊哲学是希腊本能的颓废。修昔底德是最后对强大的、严厉的、坚硬的能力的复兴,这是老希腊人们的本能。最后,从柏拉图身上区分一个像修昔底德这样的人,这样的行为在现实中需要勇气:柏拉图在现实面前是个懦夫,结果他缩进了理想中;修昔底德有自控能力,因此他也控制了万物。

3

为闻出"美好的灵魂"、"金子般的手段"以及其他希腊人的完美之处,或者崇拜他们伟大的安静、理想的大脑、高尚的简单——我体内的心理学家保护我免受这种"高尚的简单",简直是无知的法国宫廷舞。我看到了他们最强大的本能,是力量的意志:我看到了他们在不屈服力量面前颤抖——我看到他们在如何采取防御措施,互相保护,防止内部发生爆炸。这种巨大的内部压力会以恐怖而无情的敌意向外部世界进行自我释放:城邦会倒塌,破为碎片,城邦的公民会从自身找到安宁。人们需要变得强大——危险就在附近,它在各处潜伏。伟大的身体弹性,鲁莽的现实主义和非道德主义是希腊人所拥有的,创造了某种需要,而非"自然"。它仅仅产生了结果,不是从一开始就产生的。在节日和艺术中,他们的目标虚无,而不是感觉到顶部,不是在顶部展示自身。这些都是展示自己的方法,在某些情况下,也是表现自身害怕的方式。

一个人怎样才能用他们的哲学家判断希腊人呢,正如德国人,用苏格拉底流派的庸俗性作为线索来判断希腊人!毕竟,哲学家都是希腊文化的颓废者,是反古代的、反高雅品位的运动(反对好斗的本能,反对城邦,反对种族价值,反对出身权威)。苏格拉底的品德被说教,因为希腊人已经失去了它们:激昂、胆小、浅薄的喜剧演员,他们中的每一个,他们有太多的理由,听人说教。似乎没任何用处——但是大话和态度,与颓废者配合得恰到好处。

4

为了解上一代,我是第一个认真地看待仍然富有甚至富得流油的希腊本能的,认真看待名为狄俄尼索斯的神奇现象的——在力量的极限中是可以解释的。无论谁追随了希腊人,就如同我们的时代中对他们的文化最虔诚的学生一样,雅克布·布克哈特迅速知道自己可以做成什么事情;布克哈特在希望文明的现象中增加了特别的一部分。为了看到相反的方面,当他们接近狄俄尼索斯时,人们应该在德国哲学家中看到几乎有趣的本能贫困。有名的洛贝克,首先爬进这个神秘状态的世界中,他带着书本间已经干结的书虫的确信,劝服自己说,他幼稚到令人恶心,并且有极端的学识,是科学的。洛贝克让我们理解:所有这些好奇其实一点用都没有。实际上,牧师本可以告诉教徒们一些完全没有价值的东西,比如,酒勾起欲望,人在某些情况下可以以水果为生,植物在春天开花,在秋天凋零。至于令人震惊的大量仪式、象征,有极端狂野来源的谜,对于这些,古代世界在字面上已被超越,这给予洛贝克一个机会,他能够变得更新颖。他说:"希腊人,当他们没事可干时,可以大笑、跳跃、四处奔跑,或者,他们有时会感觉有必要坐下、大哭、悔恨。其他人后来会走上来,找到这种特别行为的某种理由,正如这些习俗,无数与节日和谜有关的传统的解释便产生了。另一方面,据相信,这种滑稽的忙乱毕竟产生于节日,也必须成为节日必要的一部分,因此,它变成了宗教仪式必不可缺的一个特征。"这是常见的活动,仅仅洛贝克不能一时被认真看待。

"希腊的"这个概念是由温克尔曼①和歌德造就的,当我们在研究这个概念时,我们的情感与他们两位有很大的不同,我们发现这个概念与狄俄尼索斯艺术所发展成的因素(即纵欲)很不相

---

① 译者注:温克尔曼,德国十八世纪重要哲学家、思想家,"美学"概念的创始者。

容。事实上，我并不怀疑，这是一个歌德从希腊灵魂的可能性中排除掉的原则。因此，歌德并不理解希腊人。因为这只存在于狄俄尼索斯的谜中，存在于狄俄尼索斯的状态中，也就是希腊人本能所发现的表达——"生活的意志"中。希腊人用这些谜向自己保证了什么？永恒的生命、生命的永恒回归、美好的将来和神圣的过去；超越一切死亡与变化，对生命的胜利的赞同；通过交配对整个生命起连续作用的真正生命，通过性活动的谜。因此，对于希腊人来说，性的符号是最高程度的德高望重，是真正的所有古代的虔诚。在交配、妊娠、生产活动中，每一个要素都会激起最庄严的情感。在神秘的道义中，疼痛是神圣的：产妇疼痛的呻吟宣布所有的疼痛都是神圣的；一切都在变化、在成长——确保了未来——但一切都包含了疼与痛。也许，这就是创造的永恒的幸福，生命的意志可能就这样永恒地声称了自己的存在。女性分娩的疼痛也就永远存在着。

这一切就是"狄俄尼索斯"这个词语所表达的意思。我知道，没有比狄俄尼索斯的节日更有象征意义的了。在这里，最崇高的生命本能，直接指向了生命的将来，在宗教方面有了丰富的经历——通向生命的形式——交配，如同一条神圣的道路，是基督教，用它那发自心底对生命的怨恨，诅咒性活动的不纯洁：对人类的来源——我们生命的前提，发起进攻。

5

纵欲狂欢的心理学是生命和情感力量的释放，这里，设置疼痛仍然有刺激物的效果，使我掌握了这种魔力般的感情的钥匙，这一直都被亚里士多德以及相当一部分尤其是我们现代的悲观者们所误解。悲剧根本不能证明希腊的悲剧性,在叔本华的意义中,相反,这可能可以理解成决定性的拒绝和相反的例证。在最奇怪和困难的问题中,对生命说"是",甚至在牺牲生命的最高类型中,在生命的不可穷尽中快乐地拥有生命的意志——这就是我所称作的"狄俄尼索斯",这就是我猜想的,可以作为通往悲剧诗人的心理学的桥梁。不是为了从害怕和遗憾中解放,不是为了使自己从危险的情绪中逃脱——亚里士多德的这一条道路——是为了在害怕与遗憾之外,自己能够获得永久的快乐——这种快乐甚至包括在毁灭之中。

在这里,我再一次提及这一点:悲剧的诞生是我最初对一切价值的衡量。这里,我再次站在我的意图和能力发展的土壤上——我,哲学家狄俄尼索斯最后的门徒——我,永恒复兴的导师。

在最奇怪和困难的问题中,对生命说"是",甚至在牺牲生命的最高类型中,在生命的不可穷尽中快乐地拥有生命的意志。

第十章　锤子说话

"为什么这么困难?"厨房里,煤对钻石说,"毕竟,我们都不是近亲吧?"

为什么这么软弱?哦,我的弟兄们,我来问你们:你们毕竟都不是我的兄弟吧?

为什么这么软弱,这么退缩和畏惧?为什么你们心中有那么多的否定和自我否定呢?在你们的眼里,为什么只有这么少的命运成分?

如果你们不愿成为命运和无情的人,你们又怎么能在某一天战胜我呢?

假如你们的坚硬并不指望闪光和锐利,你们怎么能与我共同创造呢?

因为一切造物者都很坚硬。它看上去必须能如同手放在蜡上一样印象深刻。

这是新的一页。哦,我的兄弟们,我把它放在你们头顶,并且为你们祈祷:变得坚硬吧!

第二部分

快乐的智慧（选译）

第二部分

第一章 存在意义的导师

是什么保存了人类的种族

迄今为止,最强壮和最邪恶的心灵在推动人类前进方面作出了杰出的贡献:他们无数次地重新点燃了人类昏昏欲睡的激情(任何井然有序的社会都会使激情昏然入眠);他们也无数次地唤醒了人类在面临新鲜的、大胆的、未经尝试的事物面前所拥有的比较、反驳与欣喜的感觉;他们促使人类用一种观点去挑战另一种观点,用一种理想模式去对抗另一种理想模式。他们为达到这个目的,大都通过使用武力、推翻界石、亵渎虔诚等方式,有时甚至借助于新的宗教和道德!

在每一个道德导师和传教者眼里,我们能在任何新鲜事物上发现其危害之处,它会使征服者声名狼藉,即使它的语言表达更为巧妙,而且不会马上引起人的肌肉反应,但也恰好是因为这个原因,它才没有臭名昭著!任何新鲜事物在不良的环境之下,都企图去征服、推翻旧日的界石和虔诚。只有旧的才是"善"的!每个时代的善人都深深地沉浸于旧的思想之中,并使之开花结果——他们是心灵的耕耘者！但是那片土地终将贫瘠，而罪恶的犁铧必将一次次地重新开始耕作。

如今，有一个彻底错误的道德理论十分流行，而在英国尤甚。它断言："善"与"恶"的判断是以其"有利"与否为标准的。凡是能保存人类种族的那就叫作"善"，凡是妨害人类种族的那就叫作"恶"。事实上，"恶"的动机在保存人类种族方面仍是有利的，如同"善"一样都是不可或缺的——只不过它们作用不同罢了。

致无私的导师

一个人的美德之所以被尊称为"善"，不是因为这对他们自己有好处，而是对我们大家和整个社会有好处——对美德的赞词总是远离"无私"和"非自我本位"！否则，我们将不得不承认美德（诸如勤奋、服从、纯洁、同情和公正）很可能对他们的拥有者而言，是有害的。作为一种驱动力，它过于强烈和贪婪地支配着人们，而决不让理性去协调自己与其他品格之间的平衡。

当你拥有一项美德——我指的是那种真实而完整的美德，而不是渺小细微的美德——那你就成为它的受害者了！但是你的邻人恰恰会因此而对你大加称赞！人们称赞勤奋，即使你的视力，以及精神上的原创性与勃勃生机，都会因此而受损；对于那些为工作鞠躬尽瘁的年轻人，人们既为之感到惋惜，但更引以为荣，他们的考虑如下："对于整个社会而言，即使损失了最好的个体，也只不过是个渺小的牺牲！对于这种不可避免的牺牲，我们当然感到惋惜！如果他换一种方式思考，将个人的生存和发展看得比他服务社会的工作还要重要的话，那必定会使事情变得更糟糕！"所以，虽然他们也为这个年轻人感到惋惜，但并不是因他本身之故,而是因为他是个忠诚的"工具",对待自己那样无情——一个所谓的"好人"——因为他的牺牲而使社会有所损失。

也许有人会问到,如果他能在工作时对自己少一点疏忽,而使自己生存得更长久一点,那么是否会对社会更有用呢?——是的,人们承认如果是这种情况的话,确实会带来一些利益,但我们也要考虑到,其他的一些利益正因他的疏忽而变得更强大更长久;牺牲已成事实,它再一次向大家证明了人类是具有牺牲精神的。

因此,当一项美德被称赞时,我们首先称赞的就是其中有益于他人的那一面,然后才是盲目的那一面,而后者拒绝受到个体的整体利益的约束。——简言之,美德中的无理性,导致个体转换成为整体之中的一个渺小功能。称赞美德,就是在称赞一些能私下对个体造成伤害的事情,就是在称赞这种能使人丧失最高贵的利己主义和最高级的自我保护力量的动机。

诚然,为了教导人们养成有德行的习惯,人们强调美德的不同作用,它使美德和个人利益看上去密不可分——事实上也的确存在这种关联!比如,盲目而极度的勤奋——这是种典型的"工具性"美德——它既通向象征财富和荣耀的道路,也是治愈无聊和情欲的最好的美酒,但是人们总是对它的极度危险性保持着缄默。换句话说,教育始终都以这种方式在进行:它试图通过一系列的利益诱惑,使个体习惯于接受其思考和行为的方式,当这种方式成为了一种习惯、动机和爱好之时,它便控制了个体并凌驾其上,使个体为了"一种普遍之善",而去反对自己的最大利益。

我经常能看见这种情形:盲目而极度的勤奋在带来财富和荣耀的同时,也使人丧失了能享受财富和荣耀的优雅器官;这个治

盲目而极度的勤奋——这是种典型的"工具性"美德,但是人们总是对它的极度危险性保持着缄默。

愈无聊和情欲的最重要的解药,同时也使人的感觉变得迟钝,使人的精神抗拒一切新鲜有趣的东西。(我们身处一个最勤奋的时代,但我们并不懂得如何从勤奋和金钱中去创造一切,除了更多的金钱和更加的勤奋之外;我们甚至需要更多的天才去花完这些财富,而非获取财富!——好吧,我们还有我们的"子孙后代"!)

如果这种教育成功的话,那么个体的每一项美德,都是一种公共的设施。至于谈到最高级的个人结局,那就纯属个人的一种损失——很可能还包含一些灵魂和意识的堕落,甚至是提前的死亡。从这个立场考虑的话,服从、纯洁、同情和公正等美德也是如此。

称赞别人大公无私、道德高尚、勇于自我牺牲——也就是说,这些人没有运用他全部的力量和理性,去追求自我权利的保持、发展、提高、促进和扩张,而是活得谦虚而草率,甚至带点儿冷淡和讽刺——这种称赞当然不是发自那些无私的灵魂!邻人称赞其无私,是因为这能带给他好处!如果邻人自己在思考时十分的"无私",那么他将会拒绝自己实力的减少,因为这损害了自我利益;他将会极力阻止这种"无私"倾向的发展,甚至为了证实自己的"无私",而不再将这种美德称之为"善"!在此,我们要特别指出这类备受推崇的道德的基本矛盾,那就是:它们的动机和行事的原则恰恰相反!道德既想以此来证明,却又以道德的标准来反驳它!

为了不自相矛盾,"舍弃小我,奉献大我"的要求应该仅由这样一种人——他们舍弃了自我利益,甚至可能在奉献的过程中,造成了自我的毁灭——宣告出来。一旦邻人(或社会)为了实用目的而推崇利他主义时,他就直接使用相反的原则:"你应该追求自我利益,即使为此付出其他任何代价。"

于是,人们开始布道了,用的是同样的节奏,一句是"你要",一句是"你不要"!

无条件的责任

所有的人都觉得他们需要用最强烈的字眼和声音,最富表情的举止和姿态,来给人留下深刻的印象。——革命的政治家、社会主义者、基督教或非基督教的传教士,所有这些人都拒绝承认"半成功"。他们都谈到了"责任",实际上这都是些无条件的责任——如果没有这些责任的话,他们甚至连痛苦的权利都没有。他们深谙这一切!所以他们创设道德哲学,去宣扬某些无条件的原则,或者吸收其他优秀的宗教,比如马志尼[①]所做的。

要得到别人毫无条件的信任,首先就必须毫无条件地信任自己。当面对那些终极的、无可争辩的、固有的、庄严的戒条时,他们就试图使自己逐渐变成它的仆人和工具。这样,我们就有了道德启蒙和怀疑主义的最普遍的也是最有力的对手。但是,这些人毕竟是比较罕见的。而从另一方面来说,在任何利己主义思想泛滥之处,就存在着这些广泛意义上的对手,尽管荣誉和名声似乎都在阻止着它。

作为一个古老而骄傲的家族的后裔,当一个人想到自己要成为某个君主、政党、教派甚至金融财团的工具时,便会感到自尊心受辱——但他仍然希望在自己和公众的面前,成为某种工具,而且也必须成为某种工具。他需要的是一种在任何时刻都能诉说出来的感伤性的原则;而且这也是一种绝对"应该"的原则,它使

---

① 马志尼(1805—1872),意大利革命家。

人能够公然地、毫无羞愧感地顺从。所有文雅的恭顺都坚持无条件的规则,这是那些想要使责任的绝对性丧失的人们的致命对手:"体面"要求他们如此,而且还不仅仅是"体面"。

存在意义的导师

无论我以善或恶的眼光去观察人类,我发现每个人都有一个本能的倾向,那就是竭力去做任何有益于保存人类种族的事情。这并非源于他们对种族的热爱,而仅仅是因为世界上再也没有比这个本能更根深蒂固、声强势壮、不可抵挡及无法战胜的事情了——这一本能就是我们人类种族的本质。虽然我们已经习惯于快速地以浅短目光,来区分邻人的有用或有害、善良或邪恶,但当我们以更宏大而整体的视角来思考和评估此事时,则会对这种界定和区别产生疑惑,最后只得放弃这种区分。因为即使是害群之马,当他在保存人类种族时都可能变成最有用的人,他竭力保存自己,或通过他的影响使整个人类避免腐化与衰退。

仇恨、幸灾乐祸、对财富与权力的贪婪,诸如此类都被叫做罪恶,但这些都属于保存人类种族的不可思议的制度。尽管这一制度代价昂贵、极度浪费并且十分愚蠢,但它仍被证明是迄今为止保存人类种族颇为有效的制度。

我亲爱的同胞和邻居们,我不知道你们是否生活在那种危害人类的严重处境中,它或许会使人类在数万年前就已灭绝,或许会使一切糟糕到连上帝都手足无措。竭力去追逐你们最好或最坏的欲望吧,直至毁灭!它们都可能会使你在某种意义上成为人类的推动者和恩人。人们会因此赞颂你,或者嘲笑你。但你很难找到一个真正有资格嘲笑你的人,他们总有一天会找回良知,悲惨地向你哭诉，并重投真理的怀抱。

或许我们会自嘲，就像被真理本身所笑话。因为人类对于真理的体验与认知远远不够，即使是最顶级的天才也难以望其项背。也许笑声仍是充满希望的。"人类种族才是最重要的，个体什么也不是。"当这一思想已融入人性，它带来的所谓的"终极解放"与责任感的缺失，便时刻都与我们每个体紧密相连。也许，此刻的笑声充满了智慧，也许，这就是唯一的"快乐的智慧"。但无论如何，这终究是两码事。当存在的喜剧感尚未成为一种自觉的意识时，那我们仍然生活在一个悲剧的时代，一个道德和宗教充斥社会的时代。

这些道德和宗教的创立者，道德价值的鼓吹者以及宗教战争的导师们，他们展现出来的新面貌究竟有何意义？这些站在舞台中央的英雄们究竟有何意义？他们自古以来就是英雄，一切时代中的所有事物好像都在为这些英雄服务，要么是充当布景或机器的角色，要么是充当知己或仆从的角色。比如，诗人们往往是某种道德的仆从。很明显地，这些悲剧性的角色也在为人类种族的利益而服务，虽然他们都以上帝的使者自称，认为一切都是为了上帝。他们促进了生命的信仰，而这无疑是对人类种族的一种促进。"生命是值得活下去的，"每一位信徒如此呐喊，"总有许多重要的东西被深深地隐藏在我们的生命之中，要注意啊！"这些鼓舞人心的话语，激发了世间一切最高贵的和最卑微的灵魂，也时刻激发出了心灵的理性和激情，从而为人类种族的保存作出了贡献。他们既然拥有了如此辉煌的成就，便试图用尽一切方法使我们忘却，这一切其实都出自人类的本能，愚蠢而又缺乏理性。

生命是应该被热爱的,为了……!人类应该有益于自己和邻人,为了……!所有的这些"应该"和"为了"都已被赋予意义,过去如此,将来也如此。伦理学家充当了宣讲存在意义的导师,其目的就在于使那些自发形成的必然观念,看上去是经过深思熟虑才形成的理性戒条。为此,他甚至发明了另一个不同的存在,以实施那一套新理论,而不用依附原先的本体。可以肯定的是,他并不希望我们嘲笑存在本身,或者我们自己,或者他个人。对他而言,个体终究是个体,既非"总和",也非"零"。他的发明可谓愚蠢而不切实际,而且还严重误解了自然之道,否认了其存在的条件。

　　当然,迄今为止,所有的伦理制度都堪称愚蠢,并违反了自然之道,故而每个个体都足以使人类走向毁灭。每次,当那些英雄们重新跃上舞台,总会有些新的收获,总会响起那些令人毛骨悚然的雷同的笑声,总有许多的个体会被那些看似意义深远的话语所震惊。

　　"是的!生命是有价值的!是的!我应该活下去!"你、我以及我们每一个人都再次对生命本身产生片刻的热情。不可否认的是,在历史长河中,"笑声"、理性和自然总是居于这些伟大道德导师的上风。存在的短暂悲剧会逐渐转变成永恒的喜剧,而"潮水般的无数笑声"——引自埃斯库罗斯①——也最终会瓦解这些伟大悲剧。尽管有这些"矫正性"笑声的存在,但从整体上而言,人类的本性已不可避免地被这些宣讲存在意义的导师所改变。人类增加了一个额外的需求,即对这些精神导师和对人生意义的

---

① 埃斯库罗斯,公元前五世纪古希腊悲剧诗人。此处是其代表作《被缚的普罗米修斯》中的一处错译。正确的台词是"无数的海浪的笑声"。

诠释的需求。

与其他任何动物相比，人类已逐渐变成一种奇异的动物，他们必须满足一个额外的生存条件，即人类必须时时刻刻确信他知道自己生存的目的。若没有周期性地对生命本身及生命的理性产生信心，那么，人类的种族则无法繁荣昌盛。他们一次又一次地反复宣告："有些事情是绝对禁止嘲笑的。"而最谨慎的人士也加上几句，"不仅是笑声和欢乐的智慧，还有悲剧及其庄严的无理性，这些都是保存人类种族的各种方式。"

哦，我的兄弟，你了解我所说的了吧！你了解这个新的盛衰规律了吧！我们也将会有属于我们的时代！

一种返祖现象

对于某个时代里的极少数人，我宁愿将他们看作是突然出现的过去文化及其影响力的幽灵，这是人类的一种返祖现象。我们能够以这种方式去真正地理解他们。

他们也许看上去十分的奇怪、稀有和特别，可是不管是谁，只要能够感受到自身力量的人，都必定会尊敬与保护他们，为之辩护，也与之建立友谊，从而帮助他们去反抗另一个排斥他们的世界。

所以，他要么成为了一个伟人，要么成为了一个疯狂的怪人，除非他很快地毁灭了自我。从前，这种特质十分普通，因此人们习以为常，在人群中他们并不突出。也许他们是先天注定要成为伟人吧，因为发狂与孤独对他们并不构成危险，而在这方面，普通人则完全不行。这主要是因为当时的时代风气和社会等级制度，都在保护着这类古老天才的再次出现。而在种族、习惯和价值观念发展极度迅速的今天则几乎不大可能。

节奏在音乐中的作用，就好比是动机对于人类发展的作用。就我们目前的处境而言，这种乐曲发展中的"行板"是绝对必要的，就像节奏也有热情和缓慢之分，毕竟这是保存人类世世代代的精神所在。

第二章 无意识的德行

意 识

意识是人类有机体中发展最晚的,因此也处于一种未经润饰且颇为柔弱的状态。意识常会造成无数的错误,使某个动物或人提前走向毁灭。"超越了命运。"荷马[①]如此表述。如果本能的保护不是那么强大有力的话,如果它不能像一个调节器一样服务于整体,而人类仅凭乖张的判断、幻想,以及肤浅和轻率——简言之,只用意识去行事的话,人类就必定会走向崩溃和毁灭。我们甚至可以说,如果没有本能的话,人类早就不存在了!

在一个机能尚未完全形成和成熟之前,它对有机体存在一定的危险!同时,它如果能适当地专制一些反而是件好事!而事实上意识也是如此,而且它还没有一点儿骄傲!人们认为这就是人类的精髓所在,而且是最持久的、永恒的、最根本的与最独创的东

[①] 荷马,古希腊盲诗人,生活于公元前八九世纪之间。此处引自其代表作《伊利亚特》。

西！意识被视为具有特定的重要性！人们否认它的成长和不稳定性，而将它看作是一个和谐的有机体！

这个对意识可笑的高估及误解，产生了非常有益的后果。它阻止了意识的过快发展。因为人们认为自己已经拥有了意识，无须麻烦即可获得它。

但如今却完全不同了！要消化吸收知识并使之成为一种本能，这一任务对人类而言仍然十分陌生。在人类的眼中，黎明才刚刚开始，我们几乎不能清晰地辨认任何东西。只有那些认为迄今为止我们收获的只有错误，而且我们所有的意识都与错误有关的人们才能看清这一切！

良　知

我总是重复相同的经验，并且每次都要重新作一番努力去抵制它。尽管我每次都能轻易地感知，但我仍然不愿相信这一事实。那就是：绝大多数的人都缺乏良知。真的，我似乎经常能感觉到，当某人发出这种请求时，即便身处人烟稠密的大都市，也如同置身于沙漠一般的孤独。每个人都以奇异的眼光打量着你，并且用他自己的尺度来衡量善与恶。当你指出他们的衡量并不准确时，他们并不因此而羞愧，也不会对你表示愤怒，或许，他们对你的怀疑只会付之一笑。

我的意思是：绝大多数人相信并竭力践行的这个或那个理念，事先都未曾认真地加以了解，以便找到赞成或反对的理由，而事后也没有给他们带来任何困扰，对于这一切，他们并不感到羞耻。即便是拥有最高天赋的男人和最高贵的女人都属于这"绝大多数人"。

但是，对我而言，一个人拥有善良、高雅和天分这些美德又有何意义呢？当他在信念和判断中对之十分松懈，当他不能将之作为内心最深处的渴望与需求时，那就可以区分出一个人的高低了！

在某类虔诚的人身上，我发现一些令人憎恶的品行，并以此来对待他们。这证明了他们败坏的良知会背叛他们自己。当我们面对存在的不和谐与不确定时，却毫无追问与质疑，不因欲望而颤栗，欣喜而毫无厌烦地对待那些追问的人，或许还使他颇为愉悦——这就是我所认为的卑劣，也是我在每个人身上首先要寻找的感觉。有些愚人总是要说服我，只要是人，就都会有这种弱点。

也许，这就是我所谓"不公正"的风格吧。

无意识的德行

一个人所有自觉的品质——尤其是那些他希望清楚明白地展现在他人面前的东西——都从属于发展的规则，这完全不同于那些他一无所知或知之甚详的品质。这种敏锐掩盖住了真实的自我，即使从一个更敏锐的观察者的眼睛去看，也一无所获。他们知道如何掩藏自我，且看上去若无其事一般。

这就好比在爬虫的鳞片上做精致的雕刻，如果你将这些雕刻看作是装饰品或爬虫的盔甲，那就错了。只有透过显微镜，我们才能看清这些雕刻。换言之，如果我们拥有一双人工的像动物一样敏锐的眼睛，才可能将那些雕刻看成是装饰品或盔甲。但是，我们又怎会拥有呢？

我们听其自然地展现出所有能被人察觉的美德，尤其是那些我们相信能引人注目的美德。而同时,我们也听其自然地表现出了那些不易为人瞩目的美德,尽管它们也有着同样的属性,但对别人而言既非装饰品又非盔甲。也许,其中一种美德用尽各种方法取悦了上帝,才最终得到了一个神圣的显微镜。

举个例子,我们勤奋、有抱负、富有洞察力,全世界都知道这些美德。此外,我们可能也曾拥有过更多的勤奋、更大的抱负、更敏锐的洞察力,但是对这些爬虫身上的装饰品而言,显微镜还没发明呢!而此时人的本能就会说:"好极了!他至少知道了无意识的美德是可能的——这对我们而言就足够了!"

哦,你是多么地容易满足啊!

我们的爆发

人类在早期就获得了无数的东西,但由于它们还处在胚胎时期,十分微弱,所以没有人能够确认它们已被人类获得。在经过了很长一段时间之后,也许是数世纪吧,那些东西突然就很明显地呈现出来。与此同时,它们变得强壮而成熟。

有些时代似乎完全缺乏某种天赋或美德,就像某些人一样。如果你有时间等待,那就让我们尽情等待他们的子子孙孙吧。他们会将先人们自身尚不知晓的内在品质彰显在人们面前。当然,也常会有儿子背叛父亲的事情发生。只有当他也有了儿子之后,他才会对自己理解得更为透彻。

所有人的内心都隐藏着一个大花园,我们一直都在其中耕耘着。用另一个比喻来说,我们都是活火山,终有爆发的一刻。至于爆发的时刻离现在是近还是远,当然没有人能够知道,哪怕是全能的上帝。

所有人的内心都隐藏着一个大花园,我们一直都在其中耕耘着。或者用另一个比喻来说,我们都是活火山,终有爆发的一刻。

善之源起

人的视力有限，难以一一目睹世间横行的罪恶，于是他们凭借日益增长的敏感，建立起了一个善的国度。自从跨入这个国度之后，人们重新激发起了所有那些曾经被罪恶所威胁和限制的冲动，诸如安全感、舒适感和慈悲之心等。因此，人的视力越迟钝，善的延伸面就越广！普通民众与孩子们也因此能获得永久的欢乐！

但与败坏的良知相似，它们都给一个伟大的思想者带来了沮丧和悲伤。

高贵和普通

对于普通人而言，一切高贵的、宽宏大量的情感看上去都不妥当，所以刚开始也都不可信。当他们听说类似事情的时候，就眨眨眼睛，好像在说："这里面肯定涉及到某些利益，我们并不能看穿每一堵墙。"他们猜忌那些高贵者，就好像后者在秘密地为自己谋求好处似的。如果他们十分确信其中根本没有自私的意图和好处时，他们就视高贵者为傻瓜，他们鄙视后者的愉悦，并嘲笑其眼神中的光辉。"怎么会有人乐于处在不利的地位呢？怎么会有人眼睁睁地看着自己处于不利地位而无动于衷呢？在这些高贵的情感背后一定存在某种理性的缺陷。"——所以他们一边如此想着，一边露出鄙夷的神态，其方式与他们鄙视一个疯子从自己顽固的想法中获得的喜悦一模一样。

识别普通人性的标志就是他们总能坚定地发现自我利益，而且这种关涉利益的意念甚至比最强烈的刺激还要来得强烈；它还不允许这些刺激引人走入歧途,从而做出一些缓慢无效的行为——这就是它的智慧和自尊。

比较起来,更高一点的天性则要显得无理性得多——因为那些高贵的、宽宏大量的、自我牺牲的人们实际上经不起自身的刺激;当他处于最好的状态时,他的理性就暂停了。一只动物会冒着生命危险去保护自己的幼儿,或者在交配的季节,一直跟随着雌性临艰履险,丝毫不会顾及到危险与死亡;此时它的理性也暂停了,因为它所有的喜悦都倾注在幼儿或雌性身上,而唯恐丧失这种喜悦的恐惧感完全支配着它;这只动物显得比平时更加笨拙——就像那些高贵的、宽宏大量的人一样。

这些人拥有如此强烈的喜悦和痛苦的感觉,以至于他们降低了自己的智商,而去保持沉默或甘愿接受奴役:此时,他们的心脏便取代了头脑的地位,他称之为"激情"(偶尔我们也会遇到相反的状况,可以说是"激情的逆转";比如,某人曾将自己的手放在丰特奈尔[①]的心上,然后说道,"你这里所拥有的,亲爱的先生,也是个头脑啊。")。此类激情背后的理性要么缺失,要么乖张,而它正是普通人鄙视高贵者的原因所在,尤其当激情指向的对象的价值观看上去十分奇特而独断的时候。他恼怒于那些受食欲的激情支配的人,他理解诱惑在这里扮演着暴君的角色,但他不理解的是,譬如一个人怎么能为了一种知识的激情,而甘冒健康和荣誉的危险。

更高天性的人敢于尝试一些特殊之事,这些事情通常无法引起大多数人的兴趣,而且看上去并不美妙;他们拥有一套独特的价值标准。此外,大家经常相信他们品位的特异之处并不在于这

---

① 丰特奈尔(1657—1757),法国寓言小说家,代表作《死者对话录》。

种独特的价值标准；相反地，他们的正面和反面价值都被认为和通常一样合情合理，结果就造成了他们的高深莫测和不切实际。

更高天性的人很少留有足够的理性去理解和对待普通人，尤为重要的是，他们深信自己的这种激情同样存在于每个人的身上，只不过被隐藏起来了，而且他们对此的信念极为热忱，并大力为之辩护。

如果这些特殊的人们并没有意识到自己是特殊的，那么他们又如何去理解那些普通人，并给予其恰如其分的评判？——所以，他们总是谈论人类的愚蠢、不明智和胡思乱想，对世界的疯狂表示吃惊，而不明白有些事是"必须的"。

这就是高贵者永恒的不公正。

高贵的最高特质

是什么使得一个人"高贵"？当然不是由于他的牺牲，即使是那种犹如燃烧一般的狂热的牺牲；也不是由于他能听从激情的召唤，因为世间的激情本就是可鄙的；更不是由于他无私地为别人做事，因为高贵者或许比任何人都更固守自私。

确切地说，那种战胜高贵者的激情十分奇特，以至于他自己都没有意识到这一点。这里运用的标准举世罕见，却又卓尔不凡，几乎可称得上疯狂；唯有他才能在其中感受到热量而别人只感到寒冷；这里的价值无可估量，因为能够衡量的天平尚未被发明；这是一件要放置在祭坛上献给未知的上帝的祭品；这是一种不求任何荣耀的英勇；这是一种过度充溢、需要不断传承下去的自负。所以，正是由于这种稀有的激情以及他自身对这种稀有性的无意识，才成就了他的高贵。

然而，如果我们以这种标准，重新去看待一切身边的、普通的、必要的事情，简言之，就是那些最能保存人类种族、符合人性规则的事情，那么就能看到它们曾受到不公正的评判，甚至在整体上还曾遭到诋毁。

成为规则的倡导者——那也许是最高的形式与精华所在，而高贵的特质终将显露于其中。

第三章　最大的危险

知识的目的

　　什么？知识的最终目的不就是给予人类尽可能多的快乐和尽可能少的痛苦么？但是,快乐和痛苦既然是如此的纠缠不清,任何人如果想要获得尽可能多的其中之一样,那么就必须接受相伴而来且数量相当的另一样;任何人如果想要享受"天堂般的欢乐",那么就必须准备好迎接"地狱般的痛苦"①。

　　也许,事情本来就是如此,至少斯多葛学派②就是这样认为的。他们一贯主张要想将生命中的痛苦减少到最低程度,那就必须将快乐减少到最低限度("拥有美德的人是最快乐的。"③这个谚语既有大多数人看得懂的学校标语类的清晰与明确,也有留给精细的人去揣摩的复杂与微妙之处)。

　　即使今天我们仍然拥有选择:要么获得尽可能少的痛苦,简

---

① 引自歌德《哀格蒙特》。歌德(1749—1832),德国著名作家。
② 斯多葛学派,古希腊哲学家芝诺于公元前305年左右创立的哲学流派。
③ 这一教义最初被苏格拉底所辩护,它也是禁欲主义伦理学的核心观点。

言之,没有痛苦(社会主义者和其他所有党派里的政治家都无权向人们做出更多的保证),要么获得尽可能多的痛苦,而以收获许多别人很少能体会到的高尚的欢愉和快乐为代价。如果你选择了前者,那么你既要消减人们面对痛苦的敏感与脆弱,又要消减人们承受欢乐的能力。

实际上,知识可以用来促进这两种目标的实现!迄今为止,我们都知道知识能阻止人们过分享乐,而使人变得更加冷静、庄严和坚忍,但也许我们可能还未发现它也是痛苦的最大制造者!——同时,我们还会发现它的反作用,那就是它也拥有让一个新的欢乐的星球突然爆发的巨大能量!

最大的危险

大多数人总是将头脑的一种律令——他们的"理性"——视为一种骄傲、义务和美德,当他们面对思想的空幻和淫逸时,则会深感窘迫与羞耻,从而成为了"健康的普通理性"的朋友。要不是有这些存在的话,人类早就毁灭了!

始终徘徊于人类身边的最大危险就是疯狂的突然爆发——更确切地说,是在感觉、视觉和听觉上突发的一种倾向;它为人类的头脑缺乏律令而欢呼雀跃;为人类的无理性而倍加欣喜。狂人世界的对立面并不真实,只是人们普遍都遵循某种信念,简言之,就是在下判断时不能随心所欲。

迄今为止,人类取得的最大成就,就是在许多事情上都达成了协议,并颁布了契约律令,而不管这些事情是对还是错。这就是使人类延续至今的一种头脑的律令。但它的对立面依旧十分强大,以致一谈到人类的未来,任何人几乎都毫无自信。

世间万象如今仍然在持续不断地移动和变化着,也许比从前的任何时代都要快速迅猛。而那些最优秀的头脑却不断地对这些普遍遵循的规则表示了异议——他们可谓是真理的探险家!作为一个共同的信念,它已经被每个人所接受,但在那些精妙的心灵看来,这一切都令人恶心,他们产生了新的需求。而这种精神上前进的速度是如此缓慢,直到新的信念最终成为一种必然。这种模仿乌龟爬行般的速度被视为一种标准,它足以使艺术家和诗人临阵脱逃。只有这些热切的灵魂才会对突然爆发的疯狂产生一种真正的喜悦,因为疯狂带有如此欢快的节奏!

什么是必需的?那就是高洁的知性。——哦,我将换个最清楚明白的字眼——即高洁的愚笨是必需的;行动坚定、心灵迟钝的秩序维护者是必需的,以便那些伟大的共同信念的忠实者能够在一起共舞。这是维护人类秩序的最迫切的命令和要求。我们这些其他人都可算是例外分子和危险分子——我们永远需要保护——如今,我们当然也可以为这些例外分子说几句话,假如他们永远不想成为规则的一分子的话。

愚昧的尊严

人类在上个世纪设置的许多学科上都取得了令人可喜的进步,他们的所作所为都显示了一种最高层次的审慎。但同时,审慎也失去了它所有的尊严。可以肯定的是,审慎是必须的,但同时也是平凡和庸俗的。在温和的挑剔者看来,这种"必须"就是一种庸俗。正如同真理与科学的专制会增强人们对谎言的崇拜,审慎的专制则会促进一种新的高贵的产生。追求高贵,那也可能意味着一种愚行。

激情的压抑

当一个人时常禁止自己表达激情时,就好像世上有些东西是专属于那些普通人、粗人、中产阶级和农民所有的。也就是说,如果某人不但想要压抑自己的激情,还想压抑自己的一言一行时,那他就很清楚哪些不是自己想要的。所以他们就拼命压抑自己的激情,或者至少削弱和改变它们。

法国路易十四的宫廷里就提供了最富教育意义的范例——一切都依赖于这种对激情的压抑,而接下来的一代人就成长于这种压抑的氛围之中,他们不再拥有激情,而是形成了一种优雅、肤浅且爱戏谑的气质。那个时代就以这种优良的风俗而出名,甚至当别人辱骂你时,你也会欣然接受,并报之以谦恭有礼。

与之相对应的,则是当今的时代。在生活上、舞台上,以及其他没有被提及的任何地方,到处都洋溢着一种喜悦之情,各种粗俗之人都在尽情展现着自己的激情。现在,人们需要的仅仅是某种激情的习俗而已——而非激情本身!尽管如此,人们用这种方式还是能收获激情,而且我们的子孙后代将会成为真正的"野蛮人",而不仅是形式上的野蛮和粗鲁。

异端与巫术

当我们换一种方式去思考的话,智商较高的人的影响力有时并不像我们想的那样强大或邪恶,他们有时超然物外,有时目中无人,有时幸灾乐祸,有时又对人抱有敌意。

异端与巫术相连,它肯定不是无害的,也不会受人尊敬。离经叛道者和巫师同属于邪恶之人。他们的共同点就是:他们都自觉邪恶，但又都被一种不可克制的欲望驱使着，去伤害那些盛行的东西（不管是人还是观点）。宗教改革可以说是中世纪精神在某段时间内的加强，当良知与之背道而驰时，这两种人便如雨后春笋般的出现了。

易于爆发的人

当我们考虑到年轻人是如何地在随时准备爆发出他们的力量，就不会对他们不加选择地贸然作出决定而感到惊奇了。他们一旦联想到与动机相关的一切景象，便热情洋溢，犹如看见燃烧的火柴便激动万分，但其实这一切都与动机本身无关。

狡猾的引诱者因此懂得如何激发出他们冒险的欲望，至于其动机的合理性则完全置之不理。理性可不是赢得这些"火药桶"的正确方式！

缺点的魅力

我在这里看见一个诗人，像许多人一样，他运用自己的缺点来施展自己非凡的魅力，胜过运用手腕将一切处理得很圆满和完美来达到目标。的确，他的优越性和好声名，更多地归因于他的缺点，而不是他的优点。

他的作品从不表达他真正想要表达和希望见到的事物，这就像是他能看见未来美景的征兆，而非美景本身。然而对美景的极度渴望始终存在于他的灵魂之中，所以他获得了与这种极度渴望相匹配的非凡辩才。

因此，他的言论比作品更能鼓舞那些聆听者，他给予他们翅膀，以便飞得比其他人更高远。这样，他们自己也成了诗人和幻想家。他们对使其获得快乐之人表达了由衷的敬意,好像他立即就能带领他们到达他最神圣和最崇高的梦想之境;又好像他已经真正地实现了自己的目标,看到了自己的梦想,并与人交流经验。

而他从未真正实现自己目标的事实,却增加了他的声名。

法律背叛了什么

去研究人民的刑法条例是一个极大的错误,它们好像表达出了一种品质与特性,即法律是绝不会背叛人民的,除非那些事物看上去是外来的、怪异的,可怕而粗鲁的。法律只关心那些违背习俗道德的事情,如果某些事情顺应了邻近地区人民的风俗,那就会受到最严厉的惩罚。

所以,Waha-nabis[①]仅仅只有两种道德上的罪恶:将别的神置于本教的神之上和抽烟(他们认为这是一种"可耻的饮食方式")。"那么,谋杀和通奸又怎么算呢?"一位英国人发现了此事后,惊奇地问道。"上帝是仁慈而宽恕的。"年老的族长回答道。

古代罗马人有个观念,那就是女人只有在这两种情况下才能处死——通奸和饮酒。老加图认为自己已经养成了和亲密的人亲吻的习惯,其实仅仅是为了通过这种方法控制女人。接吻就意味着:"她的身上闻起来有酒味吗?"[②]若妇女饮酒而被抓获,就会被处以极刑。这当然不仅是因为她们有时会受到酒精的蛊惑,而完全忘记了说"不";而且也是因为罗马人害怕酒神祭礼上的狂欢,它使南欧的妇女们备受折磨,当时酒在欧洲才刚刚出现——

---

① 阿拉伯半岛中部的一种伊斯兰教派。
② 参见普鲁塔克的著作《quaestiones romanae》。普鲁塔克(46—120),是一位用希腊文写作的罗马传记文学家、散文家。

他们害怕酒作为一个外来的怪物，会推翻罗马人的基本情感原则；对他们而言，酒更像一个罗马的引诱者，是一种异质的化身。

商业与高尚

就像读书和写作一样，买卖在现在来说是件很平常的事。每个人每天都在积极实践、不断练习，即使他不是个生意人。正如同在人类的野蛮年代，每个人都是猎人，他们每天都在练习打猎的技术。在那个年代，打猎是件寻常之事。但随着它变成一项特权之后，它就失去了自己平易与普通的特色。打猎不再是生活中的一件必需之事，而是成为一种奢侈的爱好。也许有一天同样的情形也会发生在买卖身上。

我们可以想象到某一天社会上不再存在买卖行为，而且这项技术也逐渐失去了其必须性。也许某些不受普通法律支配的人会视买卖为一种高尚的情趣而沉迷其中。商业就会成为某种精致的事物，贵族们也许就会乐于享受其中的快乐，如同他们一向喜欢享受战争和政治一样。反之，政治的价值也许就会完全改变，甚至它不再属于贵族的一种事业。很可能有朝一日，我们会发现在所有的政治性文学作品和新闻报刊中，政治被划分在"灵魂的出卖者"这一等级之中。

罪　恶

去调查那些拥有完美人生且成就卓著的人们吧，或者问问你自己：一棵被寄予厚望的参天大树能否免于暴风雨的袭击？能否免于各种厄运与阻力？如果世间必须存在一个有利的环境，否则任何伟大的成长都几乎不可能，甚至是美德也很难扎根，那么各

世间是否存在一个有利的环境,各种憎恨、嫉妒、顽固、怀疑、严酷、贪婪和暴力都被它剔除在外?

种憎恨、嫉妒、顽固、怀疑、严酷、贪婪和暴力,能否都被它剔除在外?

毒药既能使弱者走向毁灭,也能使强者变得更有力量,而后者并不称之为毒药。

高贵形式的缺乏

士兵和长官之间的关系比工人和雇主之间的关系要高级得多。至少,到目前为止,所有在军事基础上建立起来的文明,要高于所谓的工业文明。现有形式下的工业文明,可以说是一种有史以来最粗俗的存在形式。它完全受必然法则的掌控:人们为了生活,不得不出卖自己,但与此同时,他们也鄙视那些利用这一需求而购买劳工的雇主。

奇怪的是,屈服于那些有权势的、令人害怕的或恐怖的个人,以及君主和将领,并不像屈服于那些不知名的、乏味无趣的雇主那样令人痛苦。所有伟大的工业都是这样的:在雇主身上,工人通常仅看到他是一只狡猾而嗜血的狗,他所考虑的无非是那些使人痛苦的事情,而对工人的名字、外表、习惯和名声则完全漠不关心。

一直以来,企业主和商业巨头在各方面都缺乏能使人产生好感的高雅趣味。如果他们的容貌举止能显示出一种自然高贵的气质的话,那么在群众中就不会产生社会主义者了。因为他们总的来说早已准备好去当各种形式的奴隶,只要他们的上级能够不断地证明其合法地位和天生的支配权——通过他们高贵的行为举止。

最平庸的人曾经认为高贵感不可能临时伪装而得,而且高贵者一定对自己高贵的血统引以为荣。但是,当他们看到双手红润肥胖的企业主,拥有的只有那种臭名昭著的粗俗名声,而完全缺乏高贵的容貌举止时,他们便产生了一种想法,认为是机遇和运气才使得对方高高在上。"既然这样,好吧,"他推断道,"那么就让我们创造机遇和运气吧!让我们掷骰子吧!"于是,社会主义诞生了。

第四章　何谓生

圣徒的残酷

某人抱着一个新生儿来到圣徒面前。"我该如何处置这个婴儿?"他问道,"他是个可怜的畸形儿,却又不足以致死。""弄死他!"圣徒用一种可怕的声音喊道,"弄死他,然后在你怀里抱上三天三夜,留下刻骨铭心的印象,这样你就再也不会在不该生孩子的时候却产下一个婴儿。"这个人听了这些话之后,失望地走了。人们开始责备圣徒,因为他提了一个如此残酷的要杀害婴儿的建议。

"可是让他活下去岂非更为残酷?"圣徒答道。

何谓生

生——即意味着:持续不断地剥落那些趋向死亡的东西。

生——即意味着:对我们身上逐渐衰老的一切都残酷无情。不仅对我们自己,对别人的也是如此。

生——也许更加意味着:对垂死之人、可怜之人和年老之人皆不留情面?

那我们不就成为谋杀犯了么?而老摩西①说:"你不应杀戮!"

自我舍弃者

自我舍弃者将要做些什么呢?他努力为达到一个更高境界而奋斗,他希望比所有的断言者都要飞得更高、更远。为此,他放弃了许多会阻碍他飞翔的东西,而其中有些东西对他而言,并非毫无价值,也并非毫不称心。他牺牲了自己的欲望,只为到达巅峰。这种牺牲与放弃,恰好是明显可见的,所以人们都称他为自我舍弃者。

当他站在我们面前,裹着头巾,仿佛自己就是那覆盖在刚毛衬衣下的苦行者的灵魂。他十分满意于自己给予我们的影响。他竭力隐藏他的欲望,他的骄傲以及超越常人的企图。是的,他比我们想象得还要聪明。你看,他在我们面前表现得如此谦恭有礼。这个信誓旦旦的人!即使我们也曾是他舍弃的对象,他仍能做到这一步!

利用最好的一面去破坏

我们的优点有时会推动我们前行得如此之远,以致无法再忍受我们的缺点,哪怕因此而毁灭。虽然我们早已预知结果,但仍一意孤行。我们奋发努力,直面那应当被剔除的缺点,我们的伟大之处即是我们的冷酷无情。此种体验最终必定会以我们的生命为代价。

这也是那些伟大人物影响他人以及时代的一种象征。他们

---

① 摩西,公元前十三世纪的犹太人先知,旧约圣经前五本书的执笔者。

以自己独一无二的最好特质，毁灭了许多虚弱的、狐疑的、尚在转变中的和刚刚"有意图"的东西，因此也充满了破坏性。换句话说，他们身上的这种破坏性，是由于他们最好的一面已被那些过量酗酒般的人们所接受和吸收。而后者酩酊大醉，早已丧失了自我意识；在醉意的驱使下，他们走向了歧途，以致跌得筋断骨折。

不满的两种不同形式

在某种程度上，温柔而虚弱地表达不满的人，可以使生命变得更加美妙和丰富。而那些强烈地表达不满的人，始终坚持着自我，则使生命变得更好更安全。前者显示了他们的弱点和阴柔的一面，即他们乐于让自己时常受骗，偶尔也满意于某种陶醉及突然爆发的激情，尽管他们不可能完全地满意，而且也一直为这无法医治的不满所苦恼。他们也是那些懂得如何运用鸦片或镇静剂来实现安慰作用的人，所以他们厌恶那些把医生的地位看得高于牧师的人——因为这些人使真实的痛苦得以延续。

如果从中世纪以来，欧洲这些温柔虚弱地表达不满的人们并没有剩余，那么欧洲人的那种持续变化的能力可能就没有任何发展了；而表达强烈不满的人的要求又是如此简陋和谦卑，以至于很难带给他们最终的安宁。比如，中国就是这样一个对生活存在大规模不满的国家。几个世纪以前，求变的能力就已经消失了。在欧洲，太多的社会主义者和城邦政治的崇拜者，他们往往用自己的方法使生活变得更好更安全，但也很容易创建中国式的条件和中国式的"幸福"，假使他们能首先消除那种病态的、温柔的、虚弱的不满，和此时仍大量余多的浪漫情怀。

欧洲是个病弱者，它对自己的不可救药和在苦难后的永恒变化表达了最大的感激。这些不停地产生新的条件、新的危险和疼痛、新的信息的方式，最终产生了类似于天才的发达智力的那种兴奋，无论如何，这都是天才产生的源泉。

为贫穷寻找刺激

世上显然并不存在某种戏法，可以让我们将穷人立刻变成富人，甚至是过剩者。但我们无疑可以将贫穷归诸于一种必然，这样，它的出现就不会冒犯我们，我们也不必对命运摆出一副斥责的脸孔。这就是一个聪明的园丁的所作所为。他将花园里快要干涸的溪水引向喷泉仙子的塑雕手臂上，这就刺激了自己的贫穷；这个世界上还有谁与他同病相怜，其实根本就不需要那位喷泉仙子？

预期的动机

虽然了解人类长期以来行动的动机十分重要，但是掌握他们在产生各种动机时的信念，似乎更为重要。迄今为止，人类认为这些才是引导自我前行的真正原因。

所以，人类要感受到内心深处的快乐与悲哀，就必须依赖于这种信念，而非各种动机本身——它们是第二位的。

受苦的渴望

人们一旦渴望去做某件事情，那么这种渴望便会持续地取悦并激励着人们。每当我想到这一点时，我就知道成千上万的欧洲年轻人必定拥有一种受苦的渴望，他们希望从痛苦中获得一些行动的理由。这种渴望是必须的！所以就有了政治家的欢呼声，有了各种虚伪、捏造和过度夸张的情景,而人们也乐于去盲目地信任他们。

这个年轻的世界需要的并非幸福,而是来自外界的明显的痛苦。它早已提前将这种痛苦想象为一个怪物,然后与之搏斗。如果这些对痛苦入迷的人们能从心里感受到一种有益的力量,那么他们就知道该如何创造自己的这种痛苦。

此刻,当整个世界充满了对痛苦的欢呼声和各种痛苦的感受时,他们的创造之物会更加的精巧,而他们满足的笑声听上去就像一首优美的歌曲!此时,他们手足无措,不知该如何面对自我,所以他们将别人的不幸画在墙壁之上。他们总是需要别人!还有别人的别人!

原谅我,朋友们,我已冒险将我的幸福画在墙壁之上了[①]!

关于痛苦的知识

也许没有其他什么东西能区分出各种不同的人类和不同的时代了吧,除了他们对痛苦的知识的不同理解——不管是灵魂的痛苦还是肉体的痛苦,都是如此。

关于肉体的痛苦,尽管我们虚弱不堪,但与历史上那些充满恐惧的漫长时代相比,我们这些现代人由于缺乏丰富的第一手经验,只不过是个经验欠缺者和梦想家而已。在那些年代,每个人都必须保护自己、反抗暴力,所以到最后他们都成了暴虐之人。在那些年代,一个人在接受了充足的肉体上的折磨与贫乏的训练之后,会懂得任何残忍的处境都可以作为一种针对痛苦的自觉锻

---

① 此处是对德国谚语"别把魔鬼画在墙壁之上"(因为这样做的话,魔鬼就会现身)的一种反说。

炼,都是保存自我的一种必要手段。在那些年代,人们训练周围的一切以忍受痛苦。在那些年代,人们乐于去承受痛苦,当他看到一些最恐怖的事情发生在别人身上时,除了考虑到自我的安全之外,他没有任何其他的想法。

关于灵魂的痛苦,我观察了现在的每一个人,看他是否能通过自己的体验与他人的描述而对之有所了解;他是否仍然认为伪造这种灵魂痛苦的知识是必须的,它只不过是培育高雅的一种标志;他是否在内心深处已不再相信这些心灵上的伟大悲伤,当提及此事时,他的反应就和提起了肉体上的痛苦一样,他甚至想起了自己的牙痛和胃痛,但这确实是大多数人留给我的印象。

由于人们对这两种痛苦普遍缺乏经验,而且相对地,很少有人亲眼目睹受苦者的惨状,我们可以据此得出一个重要结论:与从前的人相比,现在的人们更加憎恨痛苦,他们对痛苦的诋毁也要严重得多。确实,现在的人们几乎连痛苦的想象都无法忍受,而认为它属于意识理解方面的事情,是对整个存在的一种谴责。

悲观哲学的出现绝不是伟大或可怕的痛苦存在的标志。确切地说,人们是在这样的背景下提出了关于生活价值的疑问——人们的灵魂和身体已经习于高尚和安逸,他们甚至将寻常的蚊虫叮咬都视为是一种残忍和恶毒;由于缺乏对痛苦的真实体验,所以他们提出了"痛苦的普遍理念",好像正在遭受最大的痛苦似的。有一个秘诀来对抗悲观哲学和过度的敏感,对我而言,一切都好像是真实的"当下的痛苦"。——这个秘诀听上去太过于残酷,但它算是引导人们得出"存在即是罪恶"这一判断的标志。

好吧,对抗痛苦的秘诀就是——痛苦本身。

人们的灵魂和身体已经习于高尚和安逸,他们甚至将蚊虫叮咬视为残忍和恶毒。

尚福尔①

那些与尚福尔一样对人性和民众有深刻了解的人们,如果仍然还是加入民众的行列,而不去明智地宣布与之断绝关系并积极防卫的话,那么我只能作如下的解释:他的本能比智慧还要强大,而且这一本能永不满足。他仇恨所有血统高贵的贵族;也许这源于他母亲的旧日的仇恨,我们可以很容易地对此加以解释,而他也通过母爱洗清了罪孽——这种报复的本能可以追溯到他的孩提时代,他等待时日是为了替母亲报仇。如今,他的生命和天才——哎!毫无疑问地,多半是由于他血脉中来自父亲的那半血统,许多年来,都不断地诱使他加入贵族阶级,以便实现平等。

但最后他不再能忍受自己所看到的景象,也即那种在旧的政权下的"旧式的人们";他被一种剧烈的忏悔情绪所吸引,这导致他穿上暴徒的外衣,就好像这是他的苦行衣!他败坏的良知导致了复仇的失败。如果尚福尔能更多一点儿地像个哲学家的话,那么革命就不会造成这种悲剧性的玩笑和最尖锐的刺痛了,而会被视为是一种极其愚蠢的事情,也不会诱惑如此之多的人了。但是尚福尔的憎恨与复仇观已经教育了整整一代人,即使是最杰出的人也曾受过这所学校的熏陶。

我们注意到米勒保②对尚福尔的景仰,他就像是在景仰那个更高尚、更年长的自我,而他也借此方式期望并忍受着冲动、警戒和裁决——与古往今来第一流的政治家相比,米勒保是属于那种完全不同类型的伟大人物。虽然有这样一位朋友和拥护者,但仍

---

① 尚福尔(1741—1794),法国剧作家、杂文家。
② 米勒保,一位法国大革命早期的重要政治人物。

然令人感觉奇怪——毕竟,我们有米勒保写给尚福尔的信件为证——这位最智慧的道德主义者对法兰西而言,仍然是个陌生人,这一点就和司汤达一样。而在本世纪的所有法国人之中,后者也许拥有最睿智的眼睛和耳朵。是否因为总的来说,司汤达①更像个荷兰人和英国人,所以他能忍受巴黎人?但是,尚福尔,他是个在灵魂深处十分富有之人——悲观的、受苦的、炽热的——一位思想家发现笑声之必要,就如同医疗对于生命之必要,如果生活失去了笑声,那他几乎认为已经迷失了自我——这似乎更像个意大利人,与但丁和奥帕底相关,而不像个法国人!

我们都知道尚福尔的临终遗言:"啊,我的朋友,我终于要离开这个世界了。在这个世上,我们的一颗心要么被摔得支离破碎,要么就必须用钢铁打造的盘子来盛装。"这当然不像是个垂死的法国人所说的话。

---

① 司汤达(1783—1842),法国小说家。

第五章 国王一天的时刻表

工作与厌倦

说到为了赚钱而去工作,在文明国度中,几乎所有人都是相似的。对他们而言,工作只是一个手段而非目的本身,因此他们对于工作不太作出选择,只要能够提供丰厚的酬劳就行。现在仅有极少数的人,宁愿自我毁灭也不去做没有乐趣的工作。他们性格挑剔,很难轻易满足,即使是丰厚的酬劳也无济于事,除非工作本身就是极大的酬劳。艺术家和各种爱沉思的人都属于这种人。他们是悠闲之人,总是将生命花费在打猎、旅行、探险或一切与爱相关的事物上面。他们寻求一切包含乐趣的工作与麻烦事,如果需要的话,甚至乐意去做那些最沉重和最艰难的工作。同时,他们也是果断的懒散者,即使这意味着贫困,失去名誉,甚至会造成生命危险。

他们并不害怕那种厌倦,事实上,只要工作能获得成功的话,他们宁可有更多的厌倦。对思想者和一切有创作力的灵魂而言,厌倦是灵魂深处的一种不愉快的"平静",它是一段欢乐旅程的前奏,也是一阵欢愉的清风。他必须忍受,耐心等待好的结果——确切而言,这就是其他类型的人完全不能做到的地方。不惜一切代价去努力远离厌倦,这是庸俗的,如同没有乐趣的工作也是庸俗的一样。

也许,亚洲人比欧洲人更令人尊敬,因为他们能拥有更持久深入的平静。欧洲人的烈酒总是刺激强烈,令人不爽,与此相比,亚洲人连麻醉剂的奏效都要缓慢得多,以致需要人们更多的耐心。

尊严的失落

沉思已经失去了它所有形式上的尊严。我们嘲笑那种庄严、肃穆的沉思方式,也不能够接受一个作风古旧的智者。当我们旅行、散步、处理各种事务时,都在匆匆地思考,甚至在处理某些最重要的事务时也不例外。我们几乎不需要准备的时间,甚至是片刻的沉默都不需要。就像我们的头脑中备有一台永动机一样,即便在最糟糕的状态下,仍能维持工作。

从前,当某人注视着对方时,能够告诉对方的仅仅是他即将要思考的问题,而这种情况可能也极为罕见!如今,他想变得更加睿智,随时都在准备着思考。他就像一个祈祷者一样,集中表情,停下脚步,一旦思想来临,他可以在大街上站立几个小时,无论是单脚还是双脚站立都可以。

这就是事务的尊严所要求的!

国王一天的时刻表

一天开始了,让我们安排好今天的工作,以及我们最仁慈的

不惜一切代价去努力远离厌倦,这是庸俗的,如同没有乐趣的工作也是庸俗的一样。

君王的节日盛宴,此刻他仍在安眠。今天他的王国内天气不佳,但我们必须小心翼翼地避免谈论天气的不好,甚至避免提及到天气。我们比平常要更加注意礼仪,要对这场盛宴表现得更加欢欣。也许陛下龙体欠佳,在早餐时分我们要传达给他最新的好消息:昨晚蒙田先生[1]已经抵达,他将针对陛下的病体编造些令人愉快的玩笑——陛下患了结石。

我们将接待几个人(好几个!那个被吹捧上天的老青蛙也在其中!假如他听到"我不是人"这句话时,会回答道:"但你总是那事物本身。"[2])——这次接待时间将会很长,超过使人愉悦的程度。这就有足够的理由去解释某人写在门上的诗了,"谁若进来,便是我的光荣;谁若不来——那真是谢天谢地!"[3]为了表达自己的粗鲁,这真是一种有礼貌的方式!这首诗尽管粗鲁,却也有部分正确之处。所以大家都说他的诗胜过他的人。那么,就让他继续写出更多的诗,并且尽可能地从这世上抽身而出吧!别忘了,这才是他那有礼貌的粗鲁的真正含义啊!反过来说,一个君王总是比他的诗歌要有价值得多,即使——我们究竟在说些什么啊?

我们说长道短,而整个宫廷都相信我们一直都在认真工作,甚至筋疲力尽——在点燃灯火之前,我们看不见光亮。听!那不是钟声么?真讨厌!舞会已经开始了,而我们还不清楚节目的安排,所以我们只能即兴演奏,整个世界都在为这个节日而即兴演奏!今天就让我们与整个世界一起即兴发挥吧!

奇怪的晨梦突然不见了,也许我就是那个塔楼上的钟声的受

---

[1] 参见蒙田散文《经验》。蒙田(1533—1592),法国人文主义思想家。
[2] 参见蒙田信件《致读者》。
[3] 在尼采的笔记中他提到这出自于奥日埃。奥日埃(1820—1889),法国剧作家。

害者吧。它刚才正带着惯常的骄傲神情宣告现在是五点了。看来这一次梦之女神像要对我的习惯开个玩笑吧！我习惯了以安排好一天的生活且能坦然胜任来作为每一天的开始，而且我处理这一切的方式太庄重规范了，就像个君王似的。

为勤奋者准备的事情

一片广阔的天地，正展现在任何想要研究道德问题的人面前。各种激情都必须单独地加以思考，按照年代、人们（伟大的或渺小的个体）的差异单独进行考察。他们所有的理性态度、价值观念和阐述方式都必须一一地显示清楚！

迄今为止，所有这些曾赋予存在以色彩的东西都缺乏一个历史：你从哪儿能找到关于爱、贪婪、嫉妒、良知、虔诚与残酷的历史呢？甚至关于法律与惩罚的比较史也一样完全空缺。关于分割白天的不同方法以及将时间分为工作、娱乐及休息的这种有规律的时刻表的重要性，有谁曾作过研究吗？我们懂得食物的道德影响吗？是否有一种营养哲学呢？（不断爆发的支持和反对素食主义的争论，证明了还没有这样一种哲学！）有谁收集过人类群居生活的经验吗——例如修道院？有谁描绘过婚姻与友谊的辩证法？关于学者、商人、艺术家、工匠的各种习惯——他们找到了自身的思考者了吗？他们有太多需要考虑的东西啊！

人类将至今观察到的一切事物都视为"存在的条件"。所有包括理性、激情和迷信在内的事物——都已被彻底研究了吗？根据不同的道德状况，人类的行为是如何以不同的方式得到发展，并仍然能够不断发展的？即使对最勤奋的人而言，这些都包含了太多的工作！它需要整整几代人及几代学者的系统合作，才能彻底穷尽各种观点和材料。这同样适用于展示道德状况多样性的原因。(为何一个包含了基础道德判断和首要价值标准的太阳在此处光芒万丈,而彼处又高悬另一个太阳?)

然而,一项新的工作又产生了,那就是必须判断出所有这些理性犯下的错误,以及鉴定道德判断的整个本质。如果所有这些工作都完成了,我们即将面临的最微妙的问题就是:科学已被证明能够终止和毁灭我们行动的目标,那么,它是否还能继续提供行动的目标呢?接下来便是井然有序的实验,在此过程中,各种英雄行为都得到了满足——这也许会是一场延续好几个世纪的实验,所有伟大的工作和历史性的牺牲都将黯然失色。

科学迄今尚未构建起它"独眼巨人式"[①]的杰作,但是,那一个时刻终将会来临。

---

① 独眼巨人,是希腊神话中西西里岛的巨人。它的独眼长在额头上,擅于锻造。

第六章　越过人行天桥

在距离之外

　　这座山峰使整个地区从任何一个角度看起来都变得迷人而富有意味。当我们对自己如此诉说了几百遍之后，便对它大加褒扬，而无需任何理性思考，仿佛它就是快乐的源泉，是整个地区中最令人快乐的事物。所以，我们奋力去攀登山峰，而失望也随之而来。整座山峰以及环绕四周的风景仿佛在一瞬之间就失去了魔力。

　　我们早已忘却了伟大，如同忘却了善良一样，而它们其实都需要隔开一定距离去远眺，并且我们只能仰视，而非俯视，才能产生效果。也许，你知道你必须隔开一定距离去观察你的邻人，只有这样，你才能发现他们也可堪忍受，甚至充满魅力、生机勃勃。

　　自我认知就是一种需要从反面加以劝告的事情。

越过人行天桥

　　当你和一个羞于表达感受的人交往时，你必须要学会掩饰自

你必须隔开一定距离去观察你的邻人,只有这样,你才能发现他们也可堪忍受,甚至充满魅力、生机勃勃。

己的情感。一旦你撞见他们那脆弱、狂热或高尚的一面时,他们会突然对你产生一种敌意,就好像你看穿了他们的秘密一样。此刻如果你想表达你的善意,你应该设法使之发笑,或者说些无伤大雅的玩笑话。这样,他们就会冻结自己的敌意,重新恢复平静。这就是我在说故事之前的一些道德教导。

我们的生活中曾经有这么一段美好时光:大家彼此亲密无间,似乎没有任何事情能够阻碍我们的友谊和同胞之爱,除了一小段人行天桥阻隔着我们。当你正准备踏上去的时候,我问道:"你是要跨过天桥到我这边来吗?"然后,你就不想过来了。当我再次问你时,你仍沉默不语。自此之后,高山大河以及一切能阻隔和疏离我们的事物,便横亘在我们之间,纵使我们想要互相来往也毫无办法了。

如今,当再次想到从前的那一小段人行天桥时,除了啜泣和迷惘之外,你已无话可说了。

别人对我们知道多少

当我们理解和回忆起生命中的幸福时,并不如我们所相信的那般斩钉截铁。总有一天,别人就会利用他们所掌握(或者我们认为他们已经掌握)的事情来指责我们。然后,我们就会意识到那才是更强大有力的。

一个人要无愧于心比较容易,而要改变恶劣的名声则较难。

权力意识论

帮助还是伤害别人,是我们将自身的力量运用在别人身上的不同方式——这完全取决于我们自己的意愿!我们伤害别人,是因为我们需要彰显自己的力量，而痛苦是一种比快乐更易为人感知的方式。痛苦总是让人去追究其起因，而快乐则使人停留于现状，而不会回头眺望。

我们对那些在某种程度上已经依赖于我们的人（也就是说，他们已经习惯于将我们视为其存在的理由），显示了我们的仁慈并极力帮助他们。我们想要增强他们的力量，因为这样我们也是在增强自己的力量，或者，我们是想向他们显示，成为我们势力中的一员后所带来的好处——那样，他们将会更加满足于自己的现状，且对我们的力量之敌更加充满敌意，并愿意与之作斗争。

不管我们是在帮助还是伤害别人的过程中作出了牺牲，这都不会影响我们行动的终极价值。即使我们拿生命作为赌注，就像那些殉道者为教会所做的一样，这也是一种为了获得力量或保存力量带来的快感而作的牺牲。某人会感觉到"我掌握着真理"——为了保持这种感觉，他又有多少"财产"而未舍得轻易地放弃！他之所以没有将之抛弃，是为了保持自己"高高在上"的地位——即位于那些缺乏"真理"的人之上！

当我们伤害别人时，必定很少会感到惬意，而这种纯粹的快乐，只有在帮助别人时才能得到；它是我们仍然缺乏力量的标志，或者当它面对这种贫乏时，其实也泄露了自己的失败；它给我们已经拥有的力量带来了新的危险和不确定，而报复、轻蔑、惩罚和失败的氛围，则使我们的视野变得阴沉黯淡。只有对那些最急躁的和贪婪的力量的拥护者，那些一眼就被征服者当作施舍的对象（善行的对象）的人而言，这是种负担和厌倦。——因为自身力量的缺乏，在权力的信封上盖上印章，也许会更令人愉快。

这取决于一个人增添自己生命趣味的不同习惯，这也是一个爱好的问题，取决于他到底是喜欢从容的还是仓促的、安全的还是危险的事情，取决于他是否敢于增强自己的力量——他总是根据自己的性情去追求这种或那种趣味。对于骄傲的天性而言，一件轻易获得的战利品是可鄙的。只有当他们看到了那些可能成为敌人的桀骜不驯之人，看到了那些很难轻易获取的财物，他们才会由衷地高兴。他们常常对那些蒙受病痛折磨的人十分冷酷，因为后者并不值得他们为之争夺和感到骄傲——但他们对势均力敌的对手则显得谦恭有礼，因为只有棋逢对手，才能使人心生荣耀。

为这种场景的良好感觉所激励，骑士阶级习惯了以谦恭有礼的态度对待彼此。对于那些骄傲感淡薄也不渴望伟大征服的人而言，怜悯是种非常愉快的感觉；即使是一件轻松易得的战利品——意即那些正蒙受病痛折磨的人——那也十分迷人。如同妓女身上的美德一样，怜悯也同样被人称赞。

名人的喜剧

名人都需要声望。比如所有的政治家，他们在挑选同盟与朋友时，都是在为以后做打算。从某个人身上他们希望能反射出其道德的光彩；从另一个人身上他们希望获得那种令人恐惧的力量——别人都确信他拥有而在他身上尚不明显的一种力量；从第三个人身上，他们又窃取其喜欢懒洋洋地躺着晒太阳的闲适声名，因为这可以满足自己偶尔想放松和偷懒一下的目的——这恰恰隐瞒了一个事实，他们实际上正埋伏着等待，准备伺机而动呢。

他们一会儿需要身边有个具有远见卓识的人，一会儿又需要个专家，一会儿需要个思想者，一会儿又需要个学问家，就好像这些人是他们自己的代表，但眨眼之间，他们又不需要这些人了。

所以这些名人身边的外部环境在持续不断地消失，甚至当周围的一切看上去都想挤进来，以便增添自己的某个特色之时，也是如此。从这个角度而言，他们就像大都市。

他们的声望持续变化着，就像他们的性格一样，而他们不断发展的处事方法也需要这种变动，它也推动了这些或真或假的性格展示到舞台上来。就如我先前所说的，他们的同盟和朋友只不过是这个舞台的道具而已。无论如何，他们所需要的只是那些屹立不倒和无法撼动的东西，远远望去，一片辉煌。有时，这也需要喜剧和舞台表演。

改变品位

改变日常品位比改变观念来得更为重要。与证明、批判和高智商的伪装相伴而来的那种观念，往往是一种正在变化的品位的征兆，它们大多不是因品位改变而导致的结果。

那么，应该如何改变日常品位呢？某些人拥有权势和影响力，却又毫无羞耻感。他们不断地宣扬自己的品位，并专横地将种种喜爱与反感的意见强加到他人身上。在他们的压力影响之下，其他人逐渐地养成了习惯，而这种习惯最后甚至成为每个人的必需品。

这些人的感觉和"品位"之所以大异其道，是因为他们的生活方式、滋养品、消化力甚至头脑与血液中的无机盐的含量都不一样。总之，他们有勇气承认自己本性上的差异，并留意到本性上的各种精妙细微的要求。他们的美学和道德判断就来源于此。

宽宏大量及其相关的事情

有些看似矛盾的现象——诸如一个感情充沛的人突然变得冷漠，一个忧郁的人突然变得幽默，尤其是一个人突然变得宽宏大量，比如宣布放弃报复或对他人的嫉妒表示满意，——一般都出现在拥有强大内心力量或者容易满足和厌烦的人身上。

他们的满足是如此的迅速和强烈，以致疲倦、厌烦甚至是反面的尝试都随之而来。所以，被束缚的感情就这样被消解了——在第一个人身上表现出来的是突然的冷漠，在第二个人身上表现出来的是笑声，在第三个人身上表现出来的则是泪水和自我的牺牲。

这些宽宏大量的人们，和那些拥有最强大的复仇意愿的人一样，总是给我留下最深刻的印象。他们总能看见不远处的"满意"，并在想象之中将这杯"满意"之酒一口气彻底喝光，尽管伴随这种过度饮酒的则是那种迅速而惊人的恶心。此刻，他仿佛超越了自我，原谅了他的敌人，甚至还很尊敬对方，并为之祝福。

带着这种对自我意志的违背，以及对之前报复冲动的嘲笑，现在的他们完全被新的冲动所驱使，而且这种意愿是如此的强烈。如同片刻之前自己想象的一样，他们立刻迫不及待地去实施这一行动了，好像刹那间就会耗尽所有报复的喜悦似的。

宽宏大量其实与报复一样，都是某种程度的利己主义，只不过性质不同而已。

第七章　隔着一段距离去观察女人

音乐中的女人

温暖而湿润的风,为何给人们带来了音乐般优美的氛围,也创造出了旋律感十足的愉悦?它难道不是和充溢教堂以及带给女人爱情的风一样么?

奉　献

有些高贵的女性缺乏某种特定的精神,她们要想表达内心深处的忠诚,除了奉献出美德和羞耻感之外,便别无他法。她们将之视为自己所拥有的最宝贵的财富。如果不需要像接受捐赠那样引发自我的巨大责任感的话,这一奉献往往会被接受。——多么悲哀的故事!

弱者的力量

女人都会很巧妙地夸大她们的弱点。确实,女人在展示弱点方面可谓创造力十足,好像她们都是极度脆弱的装饰品,哪怕一粒灰尘也会对之造成伤害。她们的存在就是为了提醒男人的笨拙,并使之为此背负起良心上的责任。她们以这种办法保护自己,来对抗世间的强者和所谓的"丛林法则"。

自我掩饰

她深爱着他,带着自信,平静地凝视着他,就像一头母牛。可是,天哪!使他如此着迷的却恰恰是她的喜怒无常与神秘莫测。关于平静,他自己已经拥有了太多!为了掩饰自己过去不好的性格,她已经表现得够好的了!这么做难道是为了掩饰心中爱意的缺失么?这不正是爱的忠告么?

渴望与自愿

有人领着一个年轻人来到智者面前,说道:"看,这个人在女人手里变得堕落了!"

智者摇了摇头,微笑着。"明明是男人带坏了女人,"他高声说道,"而且女人的弱点都应该由男人来弥补与改善,因为男人是按照自己的形象造出了女人的模型,而女人就按照这个模型去塑造了自己。"

"你对女人太温柔了,"一个旁观者说,"你并不了解她们!"

智者回答道:"男人的特性是渴望,而女人的特性是自愿——这就是性别法则。对女人而言,这无疑是个冷酷的法则。人类对自己的存在一无所知,而女人对自身的存在则是双倍的无知。谁又能给予她们足够的慰藉与怜悯?"

"别提慰藉了!别提怜悯了!"人群中另一个人喊道,"我们必须将女人教养得更好一点!"

"女人必须把男人教养得更好一点!"智者一边说,一边招手示意那个年轻人跟随他而去。——但是那个年轻人并没有听从他的召唤。

报复的能力

如果某人不能也不愿自卫,那么,我们不会认为这是他的耻辱。但我们会轻视那些既无能力也无决心去报复的人,不管他是男人还是女人。如果我们不去考虑在特定境况下女人能熟练地使用任何一种匕首对付我们,那么她还能控制住我们(或者就如一般人所说的"迷惑"我们)吗?

在某种情形下,她们会拿着匕首对着自己,这将是最严厉的报复(中国式的报复)!

征服男人的女人

有一种深沉有力的女低音,就像我们有时在剧院里听到的一样,会在我们一般认为不可能的情况下为我们拉开帷幕。此时,我们立即就会相信:在世界的某个角落,一定存在着一种拥有高尚的、勇敢的与庄严的灵魂的女性;她们有能力也做好了准备去反对浮夸,她们果敢坚定,富有自我牺牲的精神;她们超越且主宰着男性,因为除去性别不论的话,即使是世上最好的男性,也只不过是某种理想的化身而已。

可以肯定的是,剧院并非有意要用这种声音来给我们塑造这种女性的形象,她们通常成为男性的理想爱人,比如罗密欧。但以我的经验来看,剧院通常会在这一点上失算,如同作曲家希望通过这种声音达到的效果一样。人们并不信任这些恋人,因为这种声音总是带有一种母亲或妻子的色调,尤其是当她们的音调中蕴含着爱意时。

论女性的贞节

在教养程度较高的女性身上,总有一些令人十分惊讶和不寻常的现象。事实上,也许世上再也没有其他事情更为荒谬的了。全世界都同意应当教导她们在性爱方面保持无知,并使她们在面对这一类事情时会产生一种灵魂深处的羞耻感,甚至是对此事的相关意见都保持一种极端的不耐烦与反对的态度。

真的,在这个问题上,对于女性而言,只有荣誉是有危险的,其他还有什么事情是不能原谅的呢?但人们又希望她们内心深处对这一关键问题一无所知——希望她们的眼睛、耳朵、言语和思想都对这一"罪恶"置之不理,是的,甚至知识在这里也已成为一种"罪恶"。

接着,她们与自己深深爱慕与敬重的丈夫进入了婚姻生活,这就像被一阵可怕的闪电扔进了现实和知识的范畴。她们在爱欲与羞耻的矛盾中挣扎,同时体验到了欣喜、屈服、责任、怜悯与恐怖等各种情感,这一切都是未曾预料的,就像神兽之间的一场激战。恐怕,那些能够通灵的巫师也不能与之相比。即便是拥有足够的同情心与好奇心,也最懂得人类心理的人们,也无法看穿这些女人是如何适应并解决这些难题的!

那些可怕的、影响深远的猜疑一定使她们的灵魂愈发可怜而毫无着落了吧!在这一问题上,这些疑心重重的女人该怎样才能变得安心,并找到自己的最高哲学呢?与从前一样,矛盾过后,世界一片沉默。这种沉默如此之深,有时,会直接击打她们的心灵,她们只有闭上自己的双眼。

年轻女人总是尽最大的努力使自己显得肤浅和轻率,还有些优雅的女人则假装出一副粗鲁无礼的模样。她们很容易使丈夫对自己的名节产生疑心,然后再将孩子视为一种愧疚或赎罪——她们需要孩子,这是一种和丈夫希望有孩子完全不同的心理。

总之,千万不能对女人太过温柔!

母 亲

动物对雌性的看法与人不同,在它们眼里,雌性是一种专司生产的同类。它们没有父爱,但对所爱的幼儿有一种类似于父爱的情感和习惯。雌性动物可在幼儿身上满足自己的占有欲,对它们而言,幼儿完全可以理解为一项财产、一个占有物以及一个可以与之喋喋不休的对象。——人们常常将艺术家对自己作品的情感与之相比。

怀孕使女性变得更加温柔、顺从和有耐心。心灵上的"孕育"同样也会产生一种沉思的性格,女性的性格与孕育可谓是息息相关。艺术家就是具有雄性气质的母亲。

而在动物之中,雄性则是被视为更健美的一种类别。

怀疑论者

恐怕女人年龄越大,她们在内心最深处就会比任何男人都更具怀疑论的倾向。她们相信存在的表象就是其本质,一切美德和奥妙都只不过是覆盖在这个"真理"上的性感面纱而已。——换句话说,除了外表的体面及内在的羞耻,就别无他物了!

怀孕使女性变得更加温柔、顺从和有耐心。心灵上的"孕育"同样也会产生一种沉思的性格。艺术家就是具有雄性气质的母亲。

隔着一段距离去观察女人

我是否仍有耳朵？除了耳朵难道我就别无所有了吗？在这里，我站在一片激流的中央，白色的浪花拍打着我的脚底。它从四面八方向我咆哮着、尖叫着、呼号着。就好像在海底的最深处，有个古老的地球摇动者①正引吭高歌，声音之低沉有如怒吼的公牛。它连续重击着，发出咚咚的声音，那颗风化的巍峨岩石般的心脏，也在身体里不断颤抖。

突然，在离这可怕的迷宫门口几英尺远的地方，仿佛凭空而现的一艘巨大航船，正像一个幽灵一样静静地滑行着。噢，这个幽灵般的美人！它触碰我时就像用了魔法一样！什么？是否整个世界的镇定与寂静都搭乘上了这艘航船？我的快乐本身是否也坐在这个安静之处——以及那个更快乐的自我和第二不朽之自我②是否也都在此？虽然尚未完全死去，但也不再鲜活了吧？它是那个如同灵魂般静谧，注视着周围，不停地掠过和盘旋于头顶的中间物质吗？而我仿佛就成了那艘张着白帆在黑暗之海中不断前行的航船，就像一只巨大的蝴蝶？

是的！要跨越存在！就是这样！一定是这样！——看上去这里的噪音使我变成了一个梦想家。一切巨大的噪音都能使我们将快乐安放于宁静而遥远的地方。当某人置身于他自己的喧哗之中，在他自己构想与计划的海浪之中，可能他也会看到一些宁静而迷人的创造物从他身边掠过，对方身上的那种快乐和隐秘

---

① 希腊海神的标准称呼，他被视为是大海的统治者，地震也因他而发生，是"地球的摇动者"。
② 尼采此处用的德国名词包含"死亡"和"使人不朽"的双重含义。

就是他一直所渴望的——那就是女人。他几乎认为他更好的那个自我就生活在女人之间：在这静谧之处，即使最凶猛的波涛声都会变得死寂一般，而生命本身也做起了一场有关生命的美梦。

但是！但是！我高贵的狂热者，即使在最美丽的航船上，也会有如此多的噪音与喧哗，更不幸的是，还有如此之多的零碎而细小的杂音！女人最迷人和最有力的影响就是，用哲学家的话来说，就是隔着一段距离的行动，但是，那首先要求的就是——距离！

失败者

那些在爱人面前表现得心浮气躁、毫无自信和言语唠叨的可怜女人都是失败的。因为男人大多容易被一种神秘、冷静的温柔面容所诱惑。

第三性

"一个身材矮小的男人虽然是个矛盾体，但仍旧是个男人；但在我眼里，一个身材矮小的女人和高挑的女人相比，就成了另一种性别。"一位古代的舞师说。

"身材矮小的女人永远都不会美丽。"亚里士多德如此说道[①]。

[①] 亚里士多德实际上没有确切地这样说过，但可参阅他的作品《尼各马可伦理学》。

第八章 人们称之为爱的事物

爱 情

爱能宽恕情人的一切,包括他的情欲。

人们称之为爱的事物

贪婪和爱,这两种如此不同的感觉都是由什么引起的呢？也许它们都是同一种本能的不同名称罢了。一种情况是:已经拥有的人对之十分贬低,因为他们身上那种本能的冲动已经逐渐变得平静,对已经得到的事物,他们则忧心忡忡。而另一种情况是:人们始终不满足,内心的渴望仍十分迫切,于是将这种追求称为"善"。我们对邻居的爱——它不也是一种对新的财物的渴望吗？同样的,我们对知识、真理的爱以及对一切新鲜事物的追求,不也是如此吗？

我们逐渐厌倦了那些陈旧的以及已经安稳地拥有的东西,而再次伸出了自己的双手。即使是最漂亮的风景,当我们在里面住了三个月之后,也不再确信还会那么喜爱它,而那些遥远的海岸线，却激发了我们内心的渴望之情。一切已拥有的东西往往都因拥有而被轻视。我们收获的快乐总是尝试着不断地给我们带来一些新鲜的东西，以此来保护它自己。——这简直就是拥有的全部含义。

当我们对已经拥有的东西产生了厌倦时，其实就是厌倦了我们自身（过量拥有会使人深受其苦——即使我们也想着要舍弃与分发，但仍会以"爱"的名义继续拥有）。当目睹他人处于困境之中时，我们喜欢利用这一机会去侵占对方。比如，我们成为了他的恩人，并怀着一颗恻隐之心为他做下一切，然后再因这种"爱"而要求获得更多新鲜的东西，而这种喜悦就类似于看到一件新的战利品所激发出来的感觉。

无论如何，异性之爱是一种最能清晰地彰显自我的情感，它与我们对一件新的财物的渴望完全一样。对朝思暮想的心上人，情人总是希望能无条件地独自占有；无论是她的灵魂还是她的身体，他都希望拥有绝对的控制权；他希望成为她的唯一，停驻并统御在她的灵魂之内，就好像自己是至高无上的也是最称心如意的。

如果有人考虑到这就意味着整个世界都被排除于他最珍贵的爱情以及欢乐与享受之外；如果有人考虑到情人已看到了其他所有竞争者的贫穷与匮乏，而只想要成为一条看守自己金库的龙，他只是所有"征服者"和开拓者之中最轻率和最自私的一位；如果有人考虑到，对于情人而言，其余的世界都显得无关紧要、暗淡无光和无足轻重，他已准备好去做一切奉献，扰乱所有秩序并看轻其他任何利益时，那么，此人才会真正地惊奇于这种具有狂热的贪婪与不公平特质的异性之爱，居然在每个时代都被美化和

即使是最漂亮的风景,当我们在里面住了三个月之后,也不再确信还会那么喜爱它,而那些遥远的海岸线,却激发了我们内心的渴望之情。

神化到如此至高境界。——是的,这种爱情装饰了爱的概念,它一直以利己主义的对立面自居,但事实上它可能是利己主义最直白的一种表现。

很明显地,无产者和渴望拥有的人在这儿限定了语言的用法——这样的人大概总是会有太多吧。那些在这一领域内已经拥有了许多并为此十分满足的人,偶尔还会被评为"疯狂的恶魔",所有雅典人中最可爱的也是最被热爱的人——索福克勒斯①就曾如此评价过。但是爱神厄洛斯总是嘲笑这些亵渎者,虽然他们一向都是他最宠爱的人。

地球上到处都有一种爱的延续,它使两个人互相之间的贪婪欲求,不断让位于新的欲望和贪念。而后者是一种共享的更高级的渴求,它超越了彼此,成为一种典范。但是,又有谁懂得这样一种爱呢?有谁体验过吗?

它真正的名字就是——友谊。

向友情致敬

友情被古人视为一种最高的情感,其地位甚至高于智者最出名的自尊心。确实,与自尊相比,友情是一种更神圣的独一无二的情感。

这可以从麦西多尼国王的故事中得到很好的证明。他送了一些钱币给一位名声不好的雅典哲学家,结果被退了回来。"怎么回事?他难道没有朋友吗?"国王说道。

他的意思是:我敬重他身上的自尊心,他是位独立而睿智的人。但假如他在心里把友情的地位看得比自尊心还要高的话,我

---

① 参见柏拉图《理想国》。索福克勒斯(BC496—BC406),古希腊剧作家。

会更加敬重他。他降低了我对他的敬意,因为他并不懂得友情与自尊一样,都属于人类最高级的两种情感,而且它的地位还要高于自尊。

第九章　我们应该感激什么

我们艺术家

当我们深爱一个女人的时候,便很容易恼恨人类的天性,因为每一个女人都受人类丑恶天性的支配。我们宁可什么也不想,然而一旦我们的灵魂接触到这些天性时,便会不礼貌地耸耸肩,如同我们常说的,给它一个轻蔑的冷眼。它侮辱了我们,如同用那亵渎之手侵犯了我们的财产。在此种情形下,我们拒绝去听任何生理机能的论调,而且还对自己秘密地宣称,"我不再相信任何关于人是灵魂和形式之外的其他东西的理念。"对所有的恋人而言,"表皮之下的人类"是一种令人难以置信的可恶的怪物,这是对上帝和爱情的一种亵渎。

正如从前每一位参加礼拜的人们崇拜上帝及其"神圣的全能"一样,如今,恋人们对这些天性及自然的行为也依旧敬服。在天文学家、地质学家、生理学家和医师们所提到的一切有关天性的事物之中,他们看到了一种对最心爱的财产的侵犯,最后成为了一种攻击,这是多么无耻的行为啊!甚至"自然法则"在他们听来都是一种对上帝的亵渎,从根本上而言,他们宁愿看到一切机能都可以追溯到关于意志和抉择的道德行为上去。但因为没有人可以给他们提供这项服务,他们便尽可能地掩藏了自己的天性和机能,而生活在梦境之中。

哦,从前时代里的人们知道如何去"做梦",甚至不必先睡着了就能做梦。而我们现代人虽然也精通此道,但总是期待着苏醒和天明!我们需要的仅仅是爱与恨,以及不断的要求或者感受!与此同时,梦的精神和力量便会充溢我们的身心,我们睁大双眼不断攀爬,对各种危险都无动于衷,一直爬过屋顶最危险的小径,登上幻想之塔,也毫不头晕,仿佛我们天生注定就是必须要攀爬的人——我们就是白日的梦游者!是艺术家!是天性的隐匿者!是月亮!也是上帝的迷恋者!我们是不知疲倦的漫游者,带着死寂般的沉默,站在山巅之上。而在我们的眼里,这座山巅不过是个平原,也是个平安之所。

我们应该感激什么

唯有艺术家,尤其是那些戏剧家们,才给予了人们双眼和双耳,去观察和倾听内心的体验与梦想所带来的乐趣;也唯有他们,才教会我们如何去正确评判那些隐藏在芸芸众生中的英雄,并教会我们如何向他们致敬;他们教会我们从远处观察那个置身于生活舞台上的自我,使一切都变得纯粹而高尚,我们也因此得以超越那些繁杂的琐事。

若是没有这种艺术,我们可能除了眼前的大地,什么也看不见;而且我们都生活在这种视角之下——它使最近处和最普通的东西看起来似乎无限巨大,而且这一切就是现实的全部。也许宗

从前时代里的人们知道如何去"做梦",甚至不必先睡着了就能做梦。而我们现代人虽然也精通此道,但总是期待着苏醒和天明!

教也有某种类似的优点，它让我们用放大镜去观察每个个体身上的罪恶，并使罪人成为"伟大而不朽"的罪犯。

而艺术通过描述人类四周不断变化着的视角，教会了人们从远处去观察自己，并且告诉我们有些往事已经随风而逝，而有些则必须终身铭记。

艺术与自然

希腊人（至少雅典人如此）喜欢听人发表精彩的演说，他们确实也十分热衷于此，这一点是希腊人与非希腊人之间的一个明显区别。所以，他们甚至连舞台上的情感表现都要求充分、有力，即使那些激动人心的诗行显得有些做作，他们也能乐于接受——毕竟，在本质上，人的情感就是如此地不善表达！就是如此哑然无声和缺乏自信！一旦它发现了表现自我的言辞，它又感到多么的困惑而荒谬啊，甚至羞耻感也油然而生！

如今，多亏了希腊人，我们早已习惯于这种做作的舞台表现，就像我们能够忍受也乐于忍受其他做作的事情一样，比如激情澎湃地歌唱，就得感谢意大利人。我们已经形成了一种需求，那就是我们不能仅仅满足于现实本身，而喜欢聆听人们在最艰难的处境下是如何充分详尽地表达自我的；当生命已陷入无底的深渊，现实中的人们通常会失去自己的理智和矫健的言辞，但这些悲剧英雄们却仍然能够拥有理性，展现出富有感染力的言谈举止，总之，我们看到的是个光彩照人的灵魂，而这一切又是如何地令人欣喜啊！

这种"偏离自然"，或许对人类的自尊而言，就是最美味的宴飨。为此，人类热爱艺术，尤其是艺术的表达方式是如此的崇高而又充满了英雄气概,而这已然成为一种惯例。如果一位戏剧诗人不能将一切现实转化为理性和言辞,而只是保留了生活缄默的原样,那么当然会受到我们的一致谴责。——这就如同如果一个歌剧音乐家无法找到适当的旋律去表现最澎湃的激情,而仅仅代之以情感上的"自然"的波动与呐喊,那么,人们肯定会为之不满。在这里,"自然"是必须被反驳的!一切粗俗的使人陶醉的幻觉都必须让位于更高尚的情操!

希腊人在这方面的成就可谓是遥遥领先!就像他们将舞台建得尽可能的狭窄,以便免除一切深远背景产生的效果;就像他们使演员很少做出面部表情与简易的动作,而将之变成一种庄重的、严厉的、戴着面具般的木偶形象,所以他们也同样剥夺了任何深远背景下的自我激情,而要求它以雄壮的演说来取而代之:是的,总的来说,他们做了一切事情,以便抵消能够唤醒恐惧和怜悯等观念的可怕的影响——因为恐惧和怜悯恰好都是他们不想要的!

我们仍然对亚里士多德保持着敬意,但是在谈论希腊悲剧的最终目的时,他并非完全正确①。让我们考察一下希腊的悲剧诗人,究竟是什么最刺激他们的勤奋、敏感和竞争意识——他们的目标当然不是要用情感来征服观众。雅典人去剧院是为了聆听令人满意的演说!使索福克勒斯最全神贯注的就是令人满意的演说——原谅我这种怪异的说法吧!

这与严肃的歌剧极其不同。所有的歌剧大师都力图让观众去理解剧中角色。偶尔听到的只言片语也许会对那些漫不经心

---

① 亚里士多德在《诗学》中说道,悲剧通过制造"怜悯"和"恐惧"的情感来影响观众。

的听众有所帮助，但整体情节必须解释清楚——台词无关紧要！这就是他们心里所想的，并对之开着玩笑。也许他们只是缺乏勇气去完整地表达出自己对台词的极端漠视：只要再多加一点儿粗鲁无礼的言语，罗西尼就会让他剧中的每个人物除了唱"啦啦啦啦"之音外便别无他物——而这也许会很有意义。我们不应相信歌剧中人物的台词，我们能够相信的只有他们的声调与音色！

这就是差别所在，这就是美丽的"做作"，为此人们才走进歌剧院。甚至歌剧中那些简朴的吟诵，也并不是真的打算让人听懂，就像台词和课文一样。这种半音乐性质的内容，最初是为了让聆听音乐的耳朵稍事休息（从最庄严的旋律中得到休息，这种艺术最富挑战性的愉悦也由此产生）——但随即，一些其他的事情产生了。那就是，观众们逐渐变得毫无耐心，开始排斥它，甚至要求一个完整的音乐和旋律。

从这个视角来看，理查德·瓦格纳[1]的艺术又如何呢？或许，它也同样如此？还是有所不同？在我看来，艺术家在自己的作品上演之前，应当熟记其中的台词和音乐，否则——仅仅是我个人的看法——他将既听不见台词，也听不见音乐。

善与美

艺术家们总是在不断地赞美——他们也没做其他的事情——尤其是那些被他们赞美的所有事物，都使人类感觉到自己的美好与伟大、友善与聪明、兴奋与愉快。

那些经过挑选的确实可以用来评估人类幸福的事物，都是艺术家的观察对象。他们总是坐等着发现这些事物，并将之拉进艺

---

[1] 理查德·瓦格纳(1813—1883)，德国歌剧家。

术的王国。

我想说的是,他们本身并不是幸福与幸福之人的评判者,但他们总是拥挤在评判者的身边,在最强大的好奇心和冲动的驱使下,去立即运用这种价值判断。他们喜欢这样做,因为除了急躁与渴望之外,他们还拥有传令官的强大的肺和赛跑者的敏捷的脚。他们总是最先称赞那些新的美好事物,而且经常也是最先称其为善和评判其具有善的价值的人。

然而,正如我已说过的,这只是一个错误。他们只是比真正的评判者脚步更快一点,声音更高一点而已。

但谁又是真正的评判者呢?——那就是富人和闲人们。

戏 剧

如果这个夜晚能来点音乐和艺术的话,那么我的情绪将会变得兴奋而高昂。我很清楚哪种音乐和艺术是我不想听到和看到的,它们就是那种力图使人欣喜若狂、极度兴奋的艺术。在黄昏时分眺望远方的平凡的人们,并不像站在凯旋战车上的胜利者,而是像生命中充满鞭笞的疲倦的骡子。如果没有令人兴奋的事物和理想的鞭策,这些人对所谓的"高昂的情绪"又有多少了解!所以他们把鼓舞者看作是美酒。但是,对我而言,他们的这种畅饮和醉酒又算得了什么?创造者又怎会以此为"美酒"?相反,他对那些企图以不充分的理由达成目标的手段或方法总有一种厌恶之情,而那不充分的理由即是——模仿心灵的高潮!

什么?有人要给鼹鼠翅膀和骄傲的幻想——在他爬进洞穴入睡之前?还有人要把他送进剧院,并将一副大大的眼镜戴在他盲目而疲惫的双眼上?人们坐在舞台前,他们自己的生活并非是一场戏剧表演而只是一种生意,而舞台上的那些奇怪的创造物岂非更像一种生意?"这样做是合适的,"你说道,"它非常有趣,这就是文化!"好吧,如果是这样的话,那我真是太缺乏文化了,因为这种观点使我非常厌恶。如果某人自身经历过充分的悲喜剧的话,可能会远离戏剧;或者,也有例外,即整个过程——包括戏剧、观众和诗人——对他来说都成为一种真实的悲喜剧的场景,所以相比之下,那些舞台上演出的细节就几乎没有什么意义了。

对于那些自身性格就有点儿像浮士德与曼弗雷德①的人而言,戏剧中的浮士德和曼弗雷德又有何意义呢?——然而,事实却是这些在舞台上演出的人物总会使人浮想联翩。最强烈的思想和激情,在那些没有思想和激情的人面前只不过是自我陶醉罢了!前者只不过是后者达到目的的一种方式!戏剧和音乐就像欧洲人吸的大麻和嚼的槟榔!

噢,谁会告诉我们整个麻醉药的历史?它几乎就是整个"文化"——我们所谓的较高等的文化的全部历史!

艺术家的自负

我想,艺术家们往往不知道什么是他们能够做得最好的,因为他们太过自负,而将心思放在比那些小花小草秀丽得多的事物上,它们看上去新鲜、珍奇、美丽,而且在精神上有可能成为完美的东西。他们并不喜欢自己的花园和葡萄园内的一切,他们的挚爱与洞察力并不能够完全同步。

这里有一位音乐家,与其他任何人相比,他更擅长从遭受苦

---

① 拜伦哲理剧《曼弗雷德》中的主人公。拜伦(1788—1824),英国伟大的浪漫主义诗人。

难与折磨的忧郁的心灵王国发现特殊的音调,甚至能对沉默的动物发表演讲。没有谁能模仿出他那音乐声中的晚秋的色彩,以及那种无法形容的迟暮而短暂的幸福。他懂得午夜时分在心灵深处响起的神秘而奇异的音调,这种音调的动机与结果似乎都误入歧途,有些东西似乎随时都能从那一片虚无之中喷薄而出。他比任何人都要快乐地从人类幸福的根源处汲取力量,就好像喝干了酒杯中的酒一般,不管怎样,那些最苦涩和恶心的酒滴都已混合成最甜蜜的美酒。他懂得当灵魂不再能够跳跃、飞翔,甚至步行时,又是如何疲倦地拖曳着自己前行。他对那些隐秘的痛苦,没有慰藉的谅解和未经声明的告别都投去羞涩的一瞥。

是的,如同遭遇所有隐秘的痛苦的俄耳甫斯①一样,他比任何人都要伟大,他甚至将许多看上去难以形容,甚至毫无艺术价值,只会使人望而却步的东西,都融合进了自己的艺术之中。它们是心灵上最细小入微的特征,是的,他擅长去描摹这些微小的事物。

但是,他并不希望如此!他的性格比宏伟的城墙和陡峭的壁画还要坚强得多。他忽视了自己的灵魂也有不同的体验和爱好,它最爱静静地坐在坍塌的屋角——然后,隐藏于自己的肉身之中。他涂绘着自己最真实的杰作,所有的线条都很短小,甚至经常只有一根门闩那样长——只有此时,他才变得非常的善良、伟大和完美;也许,只有此时而已。

但他并不懂得这些!他太过自负了,以至于无法理解这一切。

---

① 俄耳甫斯,希腊神话中的著名诗人和歌手。他具有非凡的艺术才能,曾凭借音乐的力量,从冥府带回自己的妻子。

现在与从前

　　如果我们丢失了那种高级的艺术——节日的艺术,那么我们所有作品中的艺术又有何意义可言?从前,所有的艺术作品都在人类最重大的节日中上演,它们成为一切崇高和欢乐的纪念。而现在,人们却用艺术作品来引诱那些贫乏的、病弱的、精疲力竭的人们,重新回归到人性之路上来,他们曾因淫乱而不得不承担后果。艺术作品提供给他们的仅仅是一些陶醉和疯狂罢了。

第十章 "但是,为什么你还要写作呢?"

作家的喋喋不休

有一种出自愤怒的喋喋不休,时常可见于路德和叔本华的作品中。

喋喋不休有时来自对概念的过度表述,譬如康德的著述。

喋喋不休有时来自对同一理念之修改的嗜好,这可以在蒙田的文章里找到。

喋喋不休有时出于一种居心不良的天性,凡是读过我们这个时期作品的人,必能在此回忆起两位与此有关的作者。

喋喋不休有时也来自对优美的词汇和语言结构的嗜好,这在歌德的散文中并不少见。

喋喋不休有时也来自对喧哗的内在满足以及情感的困惑,例如卡莱尔[①]的作品。

[①] 卡莱尔(1795—1881),英国作家,善写历史和政治题材。

光与影

书籍和草稿对不同的思想者而言具有不同的意义。

在书籍中,作者收集了所有的光亮,如同这是他精心收藏的照射到他身上的每一缕晨光。而在草稿中,作者传达给我们的只是阴影以及灰黑色的背影,它们早已矗立在他的内心。

"但是,为什么你还要写作呢?"

A:我不是那种手里拿着沾了墨水的笔才思想的人,也不是那种在打开墨水瓶、坐在椅子上、凝视着纸张之前便已控制不住自我激情的人,我总是为写作而感到烦恼与羞愧;对我而言,写作只不过是自然的一种召唤。——我甚至讨厌采用明喻的手法来叙述。

B:但是,为什么你还要写作呢?

A:好的,先生,我可以很确实地告诉你,迄今为止,我尚未找到能驱除我的思想的其他途径。

B:为什么你要驱除它呢?

A:为什么我要驱除它?我真的想驱除它吗?我不得不如此啊!

B:够了!够了!

翻 译

我们可从一个时代所作的翻译,企图吸收过去时代及文献的手段,来评估这个时代究竟有多少历史感。柯奈那[①]时代的法国

---

① 柯奈那(1606—1684),法国剧作家。

人以及文艺复兴时期的法国人,在某种程度上还借鉴了古罗马的风俗习惯,关于这一点,我们已经不再有勇气去做——因为我们具有更高的历史感。

而古罗马的风俗习惯是这样的:他们孜孜不倦地追求古希腊的一切最优秀和最高尚的东西,这是多么的野心勃勃,然而也是多么的天真无邪啊!他们是如此地渴望将这些都一一地翻译成当时的罗马文字!他们是如此审慎而悠然地想要拭去沾在蝴蝶翅膀(被称为闪亮的眼睛)上的灰尘!

就是以这种方式,贺拉西翻译了 Alcaeu 和 Archilochu 的作品,普罗彼提阿斯(Propertius)则翻译了 CaIltnachu 和 Phileta(与 Theocritus 同一水平的诗人,如果我们可以作评判的话)的作品。他们考虑过创作者有过哪些经历并将其中最重要的内容写入诗歌中吗?作为诗人,他们反对将古文物研究者那样的探究精神置于历史感之上;作为诗人,他们不能接受那些过于私人的事物及其名称,以及那些有关城市、海岸及旧时代的种种修辞手法,他们迅速取而代之的,则是各种当代及罗马的事物。

他们似乎在向我们问道:"难道我们不该将旧的事物变成新的,并将我们自身投入其中吗?难道我们的灵魂要灌输进那些僵硬的形体中去吗?毕竟,僵硬的形体是多么的丑陋啊!"他们并不懂得历史感的乐趣,对他们而言,过去的以及外来的一切都令人尴尬。

作为罗马人,他们将这些都视为一种"罗马式的征服",并以此来激励自我。事实上,在那个时代,他们就是通过翻译来实现某种征服——其方式不仅包含省略其中的历史因素,而且也包含增加对当代的一种影射。而最关键的是,他们以自己的姓名取代

在书籍中，作者收集了所有的光亮，如同这是他精心收藏的照射到他身上的每一缕晨光。而在草稿中，他传达给我们的只是阴影以及灰黑色的背影，它们早已矗立在他的内心。

了那些诗人的姓名,而他们却并不觉得这是种欺盗行为,反而充溢着一种"罗马帝国"的良好感觉。

诗的起源

恋人们总是会对人类充满幻想,他们还宣称道德是一种本能,理由如下:"假如功利主义总是被敬为最高的女神,那么整个世界上的诗歌又是从何而来的呢?这种论断阻碍了彼此对话的节奏,而对交流的明晰毫无帮助。然而这种情况还在不断增加,并且遍布整个世界,这就像是对一切有用的权宜之计的一种嘲弄!诗歌的那种美丽至极的无理性会反驳你,你这个功利主义者!如果你正好远离了一次功利——那就提高了你的人性;那就是一种激励,道德和艺术也因此而产生!"如今,在这个案例里,我必须站在功利主义者这边——毕竟,他们很少有正确的时候,这是多么可怜啊!

在古代,散文在产生之初是以实用为目标的,而且在当时具有非常重要的实用价值;之后,当韵律进入语言——它迫使人们重组句子结构,斟酌字词,并给予思想以文采,使之变得更为模棱两可,陌生且疏远——这当然是一种"盲目的实用性"!

当人们注意到一篇诗歌韵文比一篇普通文章更容易被人记住之后,他们就希望通过韵律,使人类的祈求在上帝那里留下更深刻的印象;人们还认为通过这种有节奏的敲击声可以使远方之人更能听见自己的心声,富有节奏感的祈祷也似乎离上帝的耳朵更近。尤为重要的是,人们还想利用聆听音乐时体验到的那种强大的压倒一切的力量——节奏就是一种打动人的力量,它还产生了一种令人无法克制的欲望,使人屈服并投身其中;伴随着节奏,人们不仅身体上翩翩起舞,而且连心灵也随之舞动——我们可以据此推断,很可能连神灵们的心灵也是如此吧!通过节奏,人们试图形成一种超越自我的力量:他们用诗歌包围了自己,就像一个神奇的陷阱。他们还有一个更奇怪的理念,认为这也许恰好就是促进诗歌产生的最有力的因素。

在毕达哥拉斯学派①中,音乐看上去就像个哲学教条和教育手段;但在哲学家出现之前的很长时间内,人们都认为音乐具有释放情感、净化心灵、缓解痛苦的力量——而这些恰恰都是音乐节奏的功效。当一个人失去了适当的张力及心灵上的和睦时,他必须跟随歌手的节拍起舞——这就是康复艺术的良方。

照此秘诀,特潘德②镇压了一场起义;恩培多克勒③安抚了一位精神错乱者;戴蒙④净化了一位因爱而憔悴的年轻人的心灵;有人甚至企图藉此来抚慰那些残忍且充满仇恨的神灵。

人们开始加入眩晕和丰盛的情感,以便到达情感的最高点。更确切一点儿说,他们像疯子那般狂热,驱使那些充满仇恨的人们满饮复仇的烈酒。一切狂欢的祭仪都企图立刻释放那些神灵们的暴行,并使之变成一场狂欢。当这一切结束之后,神灵们也许会感觉到更加的自由和安宁,从而给人类留下了和平。

从词源上来看,美妙的音乐就是镇定剂的含义,不仅是因为它本身的旋律是柔和宁静的,而且也因为它还能使人感受到平静

---

① 毕达哥拉斯学派,又称"南意大利学派",是一个集政治、学术、宗教三位于一体的组织。古希腊哲学家毕达哥拉斯创立。产生于公元前六世纪末,公元前五世纪被迫解散。它是西方美学史上最早探讨美的本质的学派。
② 特潘德,最早期的希腊音乐家之一,生活于公元前七世纪。
③ 恩培多克勒,古希腊哲学家、政治家,生活于公元前五世纪。
④ 戴蒙,古希腊政治家、音乐理论家,生活于公元前五世纪。

安宁。不仅宗教音乐如此,而且远古时代的世俗音乐也是如此,人们推测那种富有韵律的音乐会产生一种魔力。比如,当人们汲水或划船时,歌声就被认为是能在现场发挥作用的魔鬼的妖术;它使人们协调一致、服从需求,从而成为人类的一种工具。一旦有人开始干活,别人就有了歌唱的理由——每一个行动都需要精神的支撑。这些祈祷和咒语似乎就是诗歌的雏形。

当诗歌韵文被用在神谕上时(希腊人说六步格诗歌首创于狄尔菲),韵律在此发挥了一种打动人心的力量。获得了预言,就意味着很多事情在事先(很可能根据希腊人的言辞推导而得)就是注定了的。有人说只要获得阿波罗的青睐就能掌控未来,那么他依据的就是最古老的信念,而不是一个能预见未来的神灵。人们宣扬的宗教信条,就符合字面上和韵律上的精准,它与人们的未来紧密相连;但信条本身就是阿波罗发明的,他可以说是韵律之神,他也能约束命运女神。

简言之,对于古代迷信的人们而言,还有什么东西比韵律更有用呢?人们可以利用它来做任何事情,魔力般地推进工作的完成;可以迫使神灵现身,使之离自己更近,并聆听自己的声音;可以按照自己的意愿去塑造未来;还可以释放自己灵魂上多余的负荷(过多的恐惧、狂躁、遗憾和仇恨等),甚至不光是他们自己的灵魂,还包括那些最邪恶之人的灵魂。

如果没有诗歌韵文,那我们可以说是一无所有;一旦拥有了诗歌韵文,我们又几乎成为了一位神明。这种最基本的感受不能完全地被剔除——在和此类迷信斗争了千余年之后的今天,即使是人类之中最睿智的一员,偶尔还会为了韵律变成个呆子,只要他有这样一种感觉,即思想只要披上韵律的外衣,并赋予一种梦幻般跳跃的表达方式，就会变得更加真实正确。哪怕是最严肃的哲学家，他们在其他所有确定之事上都十分的严谨，却仍求助于诗性的表达，来增加其思想的力量和可靠性，这不是一件很有趣的事吗？如果一个真理受到诗人的赞同而非反驳，那岂不是更加危险？因为，荷马说过："游吟诗人讲述的大多是谎言。"①

散文与诗

值得注意的是，无论是在公开还是十分隐秘的场合下，伟大的散文家几乎都是杰出的诗人。确实，一个作家要想写出优秀的散文，必须拥有写诗的激情！

散文与诗之间是一场持续而令人恭敬的战斗。它的引人之处依赖于这样一个事实：诗歌历来被认为是一种逃避和自相矛盾；任何抽象的事物，都以玩笑的形式和嘲弄的口吻去反对诗歌；一切无趣和冷酷的事物，都被寄望于拖垮这位可爱的女神，使之拥有一种楚楚可怜的绝望。二者经常也会和平共处，随即就是一种共同的后退，且伴随着嘲讽的大笑。帘幕时常被拉起，纤弱的光线照进来，就好像女神正在欣赏黄昏的微光和轻柔的色彩。当她举起纤纤玉手放在玲珑的耳边时，动听的词句就变成了音乐般优美的旋律。

所以在这场战斗中，欢乐不计其数，即使失败之中也包含着快乐。而非诗人和所谓的"散文家"根本就不懂得这一切。这就是为什么他们只能写出糟糕的散文的原因。

---

① 实际上这并非出自荷马，而是一句希腊谚语，参见亚里士多德作品《形而上学》。

"战斗是世间一切好事之父。"①战斗也是一切好散文之父!本世纪有四位真正有诗人气质的杰出作家,他们的散文已达到炉火纯青的地步。就像我所说的,如果他们缺乏诗情的话,这些散文根本就不可能被创作出来!这不包括歌德,他几乎可以说是应时代的需要而产生的。我认为这四位分别是奥帕底、梅里美、爱默生和写作《想象的对话》一书的作者蓝道②,他们才是当之无愧的散文家。

向莎士比亚致敬

我最敬佩莎士比亚的就是:他相信布鲁特斯③,而且对这种类型的美德没有丝毫的怀疑!莎士比亚为之奉献出了自己最好的悲剧——至今我们仍叫错了剧名——这是献给布鲁特斯的,也是献给崇高道德的最可怕的化身。

灵魂的独立!这是至关重要的问题!再也没有比这更伟大的牺牲了:如果一个人热爱自由,而这种拥有伟大灵魂的自由却因他而濒临险境,那么他就必须要作出牺牲,哪怕为此牺牲最亲密的朋友——即使他是最非凡的、能为整个世界增光添彩的人物,也是最无与伦比的天才。这一定就是莎士比亚所感受到的!

他给予恺撒的崇高地位,也是他能给予布鲁特斯的最高荣耀。唯有当他将布鲁特斯内心的问题和心灵的力量都提升至极大的比例时,他才能够解决这一难题。难道说强迫这位诗人同情

---

① 这是苏格拉底以前的哲学家赫拉克利特的著名格言的变体。赫拉克利特,希腊哲学家,生活于公元前六世纪。
② 奥帕底(1798—1837),意大利抒情诗人;梅里美(1803—1870),法国现实主义作家;爱默生(1803—1882),美国思想家、文学家;蓝道(1775—1864),英国散文作家。
③ 布鲁特斯(BC85—BC42),罗马共和时期的第一任行政长官。

布鲁特斯——使之变成布鲁特斯的从犯,就算是一种政治的自由吗?或者政治的自由只是某种不可言传的符号象征吗?也可能我们面对的是一些未知的黑暗事件,我们是在诗人的自我灵魂中进行探险,而他对此只作了一些象征性的叙说?

哈姆雷特的忧郁,与布鲁特斯的忧郁相比,又算得了什么?也许,莎士比亚对后者的理解,也如前者一样深刻——通过第一手的经验!也许,他也有自己的黑暗时光和邪恶天使,就像布鲁特斯一样!但是不管有多少相似之处和有可能存在的秘密联系,在布鲁特斯的整体形象和美德面前,莎士比亚将自己置身于最低处,他感到自己无足轻重,并相距甚远——他在自己的悲剧中证实了此点。

他在作品中两次都提及了一位诗人,而且两次都将这种不耐烦和极端的轻蔑情感加诸于这位诗人身上,听起来就像是哭嚎——一种自卑的哭嚎。当这位诗人出现时,甚至是布鲁特斯也失去了耐心——自高自大的、令人同情的、冒失鲁莽的,就像诗人们通常所表现出来的一样——作为一个人,他似乎充满着各种崇高的可能,甚至是道德的崇高,但在行动和生命的哲学中,他甚至连基本的正直都很难做到。

"如果他懂得自己的时代,那我就会懂得他的幽默。对于这些坐立不安的傻子,战争是否应该做点儿什么?同伴们,去吧!"布鲁特斯喊叫道。这句话的翻译应该追溯到写作此剧的诗人的灵魂深处。

留　心

我们都知道,当阿尔菲利①在向他同时代的人们叙述自己的生命故事时,编造了许多谎言。从他对自我的专制上我们可以看到他在撒谎,他本身也通过创造独具一格的语言并强迫自己成为一名诗人的方式,揭示了这一切。他最终发现了一种严格形式,将自己的生命与回忆表达得崇高而庄严。毫无疑问,在整个过程中,他饱受痛苦的折磨。——同样,我既不相信柏拉图的自传,也不相信卢梭②或但丁③的自传。

----

① 阿尔菲利(1749—1803),一位重要的印度戏剧家。
② 卢梭(1712—1778),法国伟大的启蒙思想家、哲学家、教育家、文学家。
③ 但丁(1265—1321),意大利诗人,欧洲文艺复兴时代的开拓人物之一。

第十一章 古代的骄傲

历史学家的隐秘历史

每个伟大人物身上都有种追溯的力量。由于他们的存在,整个历史被重置于天平之上,往昔成千上万的秘密都从藏身之所爬到了阳光之下。没人知道哪些会成为历史的一部分。也许,从本质上而言,过去仍未被发现!我们还需要许多能够追溯历史的力量。

遗 言

我们有时候会忆起奥古斯都大帝[①]。这个可怕的人,他具有极强的自控力,能像苏格拉底一样保持沉默,但他的遗言却显得轻率。他首次摘下了自己的面具,使大家知道他一直以来都戴着面具在上演一出喜剧。"他扮演国家之父和宝座上的智者是如此的成功,足以使人信以为真!"

[①] 奥古斯都(BC27—AD14),古罗马帝国开国皇帝。

每个伟大人物身上都有种追溯的力量。由于他们的存在,往昔成千上万的秘密都从藏身之所爬到了阳光之下。

"请鼓掌吧！我的朋友们，戏已经演完了！"奥古斯都临终时的想法和尼禄王①的"我死了，对于艺术而言，是多么大的损失啊"类似，这同属于演员的一种啰嗦和自命不凡！这与临终时的苏格拉底截然相反。

不过，提比留斯②也沉默地去世了，在所有的自我折磨者中，他是最痛苦的一个人。他一片真率，而不是个演员。在生命的临终时分，拂过他头脑的可能是什么想法呢？也许是：生命是一场漫长的死亡过程，而我削减了如此多的寿命，是多么的愚蠢啊！我来到尘世是为了施惠众生么？我应该赐予他们永恒的生命。这样我就能看着他们永远都濒临着死亡。这就是我拥有慧眼的原因。我即将死去，但我曾是个多么优秀的观察者啊！

在经过一番漫长的死亡挣扎之后，他看上去又恢复了力量，此时我们最好明智地拿起枕头使其窒息——他值得去死两次。

古代的骄傲

我们的身上已不再具有古人的那种显著的高贵气质，因为我们的情感世界中已不再有古代的那种奴隶。一个希腊贵族发现，他所在的上流社会和最下层的阶级之间，居然隔着如此遥远的距离，以致他很难清晰地看见奴隶们，甚至是柏拉图也难以真正地看清。

现在的我们已经不同了。因为我们已经习惯了人类平等的教条，即使这种教条本身并不平等。世界上有一种人，他们不能自由支配自己的行动，也没有空余时间去休息，但我们并不能据

---

① 尼禄(37—68)，古罗马帝国的皇帝。
② 提比留斯，古罗马帝国的皇帝。

此就认为他们是可鄙的。也许,在现有的社会秩序和活动中,我们每个人身上都存在较多的奴性。这一点与古人完全不同。

希腊哲学家怀着这样一种秘密的感觉度过他的一生,那就是世上的奴隶比想象中的还要多。换句话说,除了哲学家,每个人都是奴隶①。当他想到即使是地球上最有权威的人也有可能是他的奴隶时,骄傲便溢于言表。这种骄傲,与我们并不相干,在我们身上也完全不可能存在,即使从隐喻意义上来看,"奴隶"这个词语对我们而言,早已不再拥有任何力量了。

拥有良知的动物

能取悦南欧人的任何东西都包含有粗俗的元素——不管是意大利的歌剧(比如罗西尼和贝里尼)②还是西班牙的冒险小说(最易为我们接受的就是法国人翻译的 Gil Blas③ 的作品)——这一点并未被我忽视,但它并未因此使我反感,那就像一个人漫步于庞贝古城④或者在阅读任何一本古书时,常会遇到的一些粗俗的东西。

为什么会有这种现象呢?是因为人们毫无羞耻心吗?还是因为在同样的音乐和小说里面,这些粗俗的东西竟能和那些高贵的、可爱的、热情的事物一样,表现得十分自信和坚定?"动物有它自己的权利,就像人一样;让它自由地奔跑吧!你也是,我亲爱

---

① 禁欲主义的教条之一。
② 罗西尼(1792—1868),意大利歌剧作曲家;贝里尼(1801—1835),意大利歌剧作曲家。这两者的音乐都被亚瑟·叔本华(1788—1860)高度评价,这是对年轻时期的尼采影响最深的一位现代哲学家。
③ 西班牙小说家(1715—1735)。
④ 庞贝,意大利古都,在现在的那不勒斯附近。公元 79 年,维苏威火山爆发,全城埋没。

的跟随者,不管怎么说,你仍然是个动物!"——在我看来,这就是这个故事的寓意所在,也是南欧人的一种特性。低下的品位与高尚的品位拥有同样的权利——如果前者符合某种重大的需求,使人十分满意的话,它甚至具有优先权。

它既是通用的语言,也是一种清晰易懂的面具和姿势。与此相反,高尚、优雅的品位则颇为考究和审慎,总之,不能很确切地被人们理解。所以,它们不会,也永远不会流行。能够一直流行的则是那个所谓的面具!

所以,就让他们踩着原来的步伐继续前进吧!在所有的旋律和华彩中,在歌剧喧闹的节奏中,让那些面具般的粗俗元素继续存在吧!古人的生命,一直就是如此!

如果一个人不能理解面具带来的欢乐,和一切面具似的东西背后的良知,那么他对这些粗俗的东西还能理解什么呢?这就是古代精神的沐浴和休闲之所——也许对于那些仍活在古代世界中的少数高尚人士而言,他们比一般的平民更需要这个沐浴!平民们将目光转向了北欧的作品,比如德国的音乐,这使我产生了一种说不出来的反感。那些作品令人羞耻,艺术家降低了他的眼光和标准,让人不由得为之惭愧。

我们之所以感到羞耻和反感,是因为我们猜测,他一定是为了我们,才不得不降低了自己的格调。

非希腊式的精神

希腊人在思想上十分的单纯而且合乎逻辑,至少在漫长的繁荣时代,他们从未对此厌倦。法国人也常是如此。如果仅仅是向对立面的一步小小的逾越,他们大都能欣然接受,只要它符合逻辑精神。但是一旦向对立面倾斜得太多时,他们就违背了自己友善的礼仪和克己的精神。逻辑对他们而言,就像面包和水一样是必需品,同时,它也像被囚犯迅速享用的饭菜一样十分单纯和朴素。

在良好的社会关系下,一个人永远也不要期待自己拥有绝对的、独一无二的正确,这就是所有纯粹逻辑所要求的。因此在法国人的才华之中总有一点非理性的存在。希腊人爱交际的特性,发展得远不及过去及现在的法国人,所以即使是最生机勃勃的希腊人也几乎没有一点儿朝气,即使是最幽默的希腊作家也毫无幽默可言,所以……

噢,人们是不会轻易相信我的这种论调的,而在我的头脑中还有多少类似的观点啊!

"保持沉默是件伟大的事情。"马歇尔对喋喋不休的人们如此说道。

希腊人的品位

"那有什么好的?"一个几何学者在欣赏过 lphiRenia 的表演之后说道,"里面没有一件事情是经过证明的。"[1]难道希腊人如今已远离了这种品位?

至少,在索福克勒斯的作品里,"一切都是经过证明的。"

伊壁鸠鲁[2]

是的,我对伊壁鸠鲁的个性的了解,也许不同于其他任何人,对此,我引以为傲。在这个下午,我所听到和读到的关于这位古

---

[1] 尼采引用的这段轶事源自叔本华《作为意志和表象的世界》。
[2] 伊壁鸠鲁(BC341—BC270),古希腊哲学家、无神论者。

人的一切事情，都令我十分愉悦。

我看见他凝视着这一片白茫茫的辽阔海域，越过海岸边的岩石，看到了天地之间一切伟大和渺小的生物都在阳光的照射下活动着，万籁俱寂，令人安心，就像这片阳光和他的双眼所能带给我们的一样。

只有持续遭受疾病折磨的人才能拥有此种幸福。在他幸福的双眼之前，存在之海仿佛已变得静止，他注视着大海的表面——这斑驳的、温柔的与颤抖着的大海的肌肤，永不厌倦地，仿佛此前从未有任何事物曾拥有如此恰到好处的性感。

学习如何表达敬畏

人们必须学会表达敬畏，就像必须学会表达蔑视一样。那些闯入并带领大众走上新征途的人们，会惊奇地发现，大多数人在表达他们的感激时是如何的笨拙和言语贫乏。实际上，能够被表达出来的感激简直太少了！每当他们要说出心中的感激时，喉咙就像被什么东西哽住了似的，而当他们清理了喉咙之后，一切又重归沉默。

一个思想家开始探究自己思想的影响力以及他人对这种思想的扰乱与重组的方式，几乎可谓是个喜剧。有时，他们就好像已被深深地伤害，受此感觉的支配，他们只能以各种混乱的粗鲁行为，来表达自己受威胁的独立自主。

整个时代都需要发明出一种谦恭有礼的感恩方式，而只有当某种天赋与灵魂需要感恩时，这一刻才会姗姗来迟。然后，有人通常会成为这个伟大的感恩的接受者，不只是由于他所取得的那些成就，更多的还是由于他的前辈们已逐渐地积累了那些最好的、最有价值的"宝藏"。

第十二章　不受欢迎的信徒

知识并非先天注定的

　　世上有一种愚蠢的谦卑,而且它并不罕见。一旦某人为其所苦,他就永无资格成为知识的信徒了。当他接触到某种异乎寻常的事物时,往往拔腿就跑,同时还喃喃自语,"你一定是看错了!你的理性哪儿去了?这不可能是真的!"

　　接下来,他并不去仔细地反复审视与谛听,而是一跑了之,就像受到恐吓似的,赶紧逃离这惊人的一切,并设法尽快忘却它。因为他内心的宗旨是:"我不愿看见任何与现行观点抵触的事物。难道我是为发现新的真理而生?这世上的真理已经够多了!"

谎言的添加者

　　当法国人民开始批斗亚里士多德的三一律①,随后有人为之

---

　　① 亚里士多德在《诗学》中将古希腊戏剧的特点归纳为三一律,即时间、地点和行动的一致性。亚里多德(BC384—BC322),古希腊哲学家。

辩护时,这样的一幕便会再现,它是我们常能见到的却又不愿见到的情景——人们对自己撒谎,为所谓的规则编出种种理由,仅仅是为了避免承认自己已习于这些规则,并且也不希望一切有所改变。这就是人们对每种盛行的道德和宗教观念所采取的一贯态度。只有当某些人开始抨击习惯、寻求理由和目的时,那些习惯背后的理由与目的才会再次被添加。

在此,我们揭示了一切保守主义者的虚伪——他们是谎言的添加者。

不受欢迎的信徒

"我该如何对这两位年轻人?"作为哲学家,我十分恼火地大声叫道。我曾使年轻人变得"堕落",就像苏格拉底当年也做过此事①。他们都是不受欢迎的学生。对待任何事情,其中一个不会说"不",而另一个则只会说"差不多"。

如果他们接受了我的教义,那么第一个人则会忍受极大的痛苦。因为若要按照我的方式去思考,那么他必须要有一个英勇好战的灵魂,极度渴望世间的痛苦,对说"不"欣喜万分,以及拥有一副坚强的外壳。而这位年轻人则会在内外夹攻的伤害中逐渐屈服。而第二个人只会对他代表的任何事物都一味妥协,一切事物因此都趋于平庸——我倒希望我的敌人拥有这样的信徒。

讲堂之外

"为了向你证明人类本质上仍是一种善良的动物,我必须提醒你,长久以来他们是如何地容易上当受骗啊。只是最近以来,

---

① 参见柏拉图《申辩篇》。

经过大量的自我征服之后,他们才变成一种令人无法信任的动物。是的!现在的人类比过去狡猾多了。"

我不能理解:为什么现在的人会变得狡猾,使人无法信任?

"因为他们现在拥有了知识,而且也需要知识。"

腐化的标志

以下现象在我们社会中,时不时地就必然会发生,它被命名为"腐化"。

第一,既然腐化在任何地方都会发生,五花八门的迷信就随之产生,人们先前的那些普通的信仰便变得苍白无力。因为迷信是底层阶级的一种"精神自由"——迷信者能从中挑选适合自己的特定形式和教条,他们拥有选择的自由。与宗教信徒相比,迷信者不仅仅是一个个独立的"个体",而一个迷信的社会就是由许多的"个体"和许多个性上的愉悦所组成。从这个角度来看,迷信似乎总是作为信仰的一种进步而出现,它也是智慧变得更加独立并要求自我权利的一种标志。那些抱怨的人们就是古老宗教虔诚的迷恋者,直到现在他们还决定着语言的用法,并给予迷信以恶名,即使是最崇尚自由的灵魂也是如此。我们意识到,这实际上就是启蒙主义的征兆。

第二,一个腐化横行的社会被指责是懦弱无能的。在这样的社会里,对战争的尊奉以及战争给人带来的快乐已经很明显地减少了,人们对舒适生活的渴盼,就像从前对战争和体育荣誉的渴盼一样。然而,有一个事实却经常为我们所忽视,那就是驱使古代人在战争和竞技比赛中取得辉煌成就的那种精力和热情,如今已经转变成无数私人的情感了,几乎都很少能被人察觉了。实际上,在"腐败"的年代,人们所耗费的精力,无论在质或量上,都比过去有过之而无不及,而个人花费的精力甚至达到了一种泛滥的地步,这在从前是完全做不到的——因为那时他的精力还不够丰富!正是在那样一个懦弱无能的年代,悲剧作品在大街小巷泛滥,伟大的爱与恨也由此产生,知识的火焰猛烈地燃向天空。

第三,当说到这个社会的信用时,人们赞扬道,与那个更古老、更强健、更虔诚的年代相比,这个时期的人们温和善良,残酷的行为也急剧减少,就好像想要弥补他们曾责骂其迷信和懦弱似的。但是对于这个称赞,我除了谴责之外,就没有更多的意见了。我承认现在只有那种残酷性得到了改观,而且它的那套古旧形式已不适应现在人们的趣味了;但是能够诉诸语言的、视力可及的那些痛苦与伤害,却在这个"腐化"的时代达到了繁衍的最高点——于是怨恨以及怨恨中的快乐就此产生了。人们生活在一个充满机智和诽谤的"腐化"时代;他们知道除了用匕首和殴打之外,还有其他的谋杀方式;他们也知道人们信任一切说得好听的事情。

第四,当"道德衰败"时,那些被称为专制者的人,便开始现身了。他们是先驱者,在某种程度上,也是人类个体早熟的第一批成果。只需稍待时日,这个悬挂在人民之树上的水果之王就变得成熟,且逐渐转黄了——而这棵树之所以存在就是因为这颗水果!在与各种专制者的斗争过程中,衰败逐渐达到了它的顶点,恺撒也随之产生,这个最后的专制者结束了。人们与专制统治疲倦地搏斗,而将奋斗的成果据为己有。在他的年代,个体普遍都很成熟,文化也因此达到了鼎盛阶段,取得了累累硕果。但这一切并非是他个人的缘故,尽管那些最高级的文化都喜欢宣称是他的作品，以此来向恺撒献媚。事实上，他们需要和平，因为社会的动荡和自身的劳苦已经足够多了。在那个时代，贿赂和叛逆的行为也达到了顶点，人们对新发现的自我的热爱，要远远超过对"祖国"的热爱——那个祖国古老而又疲惫不堪，它甚至号召人们为之献出生命。为了在跌宕起伏的命运中保护自我，一旦有富裕强大之人愿意施舍金钱，人们都伸出了双手——即使高贵之手也不例外。对于未来，他们毫无把握，都只为今天而活。对于所有的诱惑者而言，灵魂跟他们在玩一种简单的游戏，大家都只会为了"今天"而甘愿受到诱惑或贿赂，他们也只会为了自己而保留未来和美德！

　　众所周知，这些真正为自己而活的人们，他们更关心自己的当下，而不会为芸芸众生去做点儿什么，因为他们觉得自己就像那无法预知的未来一样。他们也喜欢加入到那些暴虐之徒的行列中来，因为他们认为对方有能力去处理各种行动和信息，普通人却既不能理解也不能原谅这一切。专制者或者恺撒在手握大权时，仍深深懂得个人权力的重要性，他们在拥护和支持个体的无畏道德上始终兴趣不减。因为他认为自己是，也希望人们认为他是这样的一种人，也即拿破仑的著名论调所表达的："我始终有权利这样回答所有针对我的控诉——'那就是我。'我与整个世界相脱离，任何人也不能跟我提出条件。我想要人们服从我的一切，甚至是我的幻想。当我为这种或那种消遣而着迷的时候，我希望大家认为一切都是自然而然的。"这就是拿破仑曾经回答他妻子的话，当她有足够的理由去质疑丈夫对婚姻的忠诚时。当苹果从树上掉下来的时候，也就是腐化开始的时节——我指的是那些个体，未来的播种者，精神的殖民开拓者，新的国家和团体的塑造者。腐化只不过是给予那些丰收的人们一个粗鲁的字眼而已。

无　悔

思想者观察自身的所作所为，将之视为实验，从中寻求疑问并获得相关解释。对他而言，成败是第一要义。最令人烦恼和痛悔的就是有些事出错了。——他将这些烦恼和懊悔留给那些奉命而行的人，若仁慈的主人对结果不满时，还会惨遭毒打。

叔本华的信徒

当文明人和野蛮人互相接触时，会发生这样的情景：较低等的文化通常会接受高等文化的种种陋习、缺点和暴行，在此基础上，前者感受到了后者的某种特定的吸引力，最终，通过已经获得的那些陋习和缺点，它也接受了后者盈溢而出的有价值的力量。我们不必远赴野蛮之地，就近就可观察这一切，从而肯定它们在形式上确实变得更加高雅和理智化了，而这些并不易察觉。

叔本华的那些德国的追随者们最初从他们的导师那里究竟接受了什么？在他的更高级的文化面前，他们必定感到了自己的野蛮，一开始就被他深深地吸引和诱惑吧？是否他对可靠事实的理念和对清晰理性的善意，使他更像个英国人而不像个德国人？或者他的理智与良知的力量，帮助他终生忍受着"存在"与"意识"的矛盾，并迫使他一直都在反驳自我及其作品中的几乎每个观点？或者是他在和教会及基督教上帝有关的事物上表现出来的那份纯净？——他的这种纯净可以说在德国的哲学家之中是前所未有的，所以他活得像个"伏尔泰之徒"，死得也像个"伏尔泰之徒"。或者是他关于知性直觉、因果法则的先验性和不自由意志的不朽学说？

不，所有这些并不能使人心醉神迷，但是叔本华表现出来了一种神秘的窘迫和逃避，在那里真正的思想家受到了诱惑并为之堕落，他们渴望成为世界的阐释者，但这只不过是种徒劳的刺激罢了。不能证明的"单一意志"的学说（"一切原因几乎都是意志表象在此时此刻的偶然原因"；"生命意志目前在每个存在上面都是整体的和不可分割的，即使最不重要的事物现在是、将来也是如此，就和曾经出现过的所有存在完全一样"），对个体的否认（"所有的狮子实际上都只不过是一只狮子"；"众多的个体都是幻觉"，就像发展也只不过是个幻觉——他将拉马克①的思想称作"一个天才的荒谬错误"），对天才的入迷的幻想（"在美学直觉中，个体不再是个体，而只是一个纯粹的、无意志力的、无疼痛感、永恒的知识的客体"，"那个凭借直觉而作用于客体的主体，成为了客体本身"②），对怜悯的荒谬说法，作为一切道德的源头，以上这些都使人能够突破那些个性化的原理；同时，所有的这些要求，比如"死亡实际上是存在的目的"，"就像一个死者不可能产生神奇的影响，我们不能否认这种先验的可能性"——哲学家的诸如此类的放恣和缺点总是最先被接受，并成为一种信念——因为放恣和缺点最容易被模仿，而且不需要大量的提前实践。

不过，我们现在要谈论的是一位目前最著名的叔本华的信徒瓦格纳。他身上发生的事情也曾发生在许多艺术家身上。他曲解了自己创造的角色，也误解了自身艺术所内含的哲学。直到中

---

① 拉马克（1744—1829），法国博物学家，生物学伟大的奠基人之一。
② 参见《作为意志和表象的世界》。

年时期,瓦格纳还自甘被黑格尔的哲学所误导;当他开始阅读叔本华的学说,且使之融入自己的性格,并用"意志"、"天才"和"怜悯"等字眼来表达自我时,他又再次重复了这种错误。

尽管如此,这一点仍然是正确的,也即:没有什么能比瓦格纳作品中的那些真正具有瓦格纳风格的英雄人物,更直接地反对叔本华的精神了。我指的是极端自私中的单纯,以及伟大激情中的忠诚,简言之,就是他的英雄角色中的那些齐格菲式的人物。"所有这些看上去更像斯宾诺莎,而不像我。"叔本华可能会如此评价。瓦格纳也许有信奉其他哲学家而不是叔本华的更好的理由,但是思想家身上散发的这种令人着迷的魅力,已经蒙蔽了他的眼睛,使他抵挡不住其他的哲学家甚至是科学的诱惑。

他整个的艺术想要传达给我们的越来越像是叔本华哲学的翻版和补充,而且我们可以日益明晰地看到,他已经放弃了成为人类知识与科学的翻版和补充的这一崇高抱负。深深吸引着他的不仅是叔本华哲学整体上神秘的华丽性——它还吸引了卡里奥斯特①,还有哲学家身上的那种特殊的举止和情感,比如瓦格纳对德国语言讹误的那种愤怒就源自叔本华。无论如何,如果有人想要证明瓦格纳在这一点上是对叔本华的一种模仿,那就不能忽略这样一个事实,即瓦格纳的风格本身就有许多不足之处,这种景象会激怒叔本华。至于那些以德国为写作对象的瓦格纳的崇拜者们,对他们来说,瓦格纳主义已被证实为和曾经的黑格尔主义一样危险。

受叔本华憎恨犹太人的影响,瓦格纳也不能对犹太人的丰功伟绩作出公正的评判,毕竟,犹太人是基督教的发明者。同样也

---

① 卡里奥斯特,十八世纪臭名昭著的骗子。

受叔本华的影响,瓦格纳还试图在欧洲开创一个佛陀的纪元,他认为基督教就是佛教曾经随风飘远的一粒种子,这使天主教和基督教的原则和情感能暂时地协调起来。瓦格纳还受叔本华的影响,经常宣扬要怜悯动物。众所周知,叔本华的前辈伏尔泰,也和他的后继者一样,就是一位出了名的喜欢掩饰自己对某些特定事物及人类的仇恨,而对动物则颇为怜悯的人。从瓦格纳的演讲中我们可以发现,至少他对科学的憎恨,并不是出自怜悯和善良的意志——很明显地,它完全是来自于其他的精神意志。

最后,如果一位艺术家的哲学仅仅只是别人思想的一种补充,并且对艺术本身没有任何损害的话,那么它就几乎毫无意义可言了。我们不可能十分小心地去避免喜欢一位艺术家,因为他们也会偶尔地、也许非常不幸地、傲慢地伪装自我。我们不要忘了,我们最可爱的艺术家在某种程度上都毫无例外地是个演员,如果缺少表演的话,他们将很难坚持下去。

让我们对瓦格纳身上真实与原创的部分仍然保持忠诚吧——作为他的追随者,我们尤其要忠实于我们自己身上真实与原创的部分。让我们摒弃其智力上的坏脾气和疼痛性的痉挛吧;让我们公正地询问,到底需要做些什么才能使他这样的艺术——一种奇怪的营养品和必需品,能够生存和发展下去呢?作为一名思想家他经常犯错,这其实无关紧要;正义和耐心都不是对他的要求——这个生命经常对我们每个人呐喊道:"要成为一个人!不要跟随我——成为你自己!你自己!"我们的生命将会在自己面前变得更加的正当合理!我们还将会带着一种天真无邪的自私,自由而无所畏惧地茁壮成长!

"要成为一个人!不要跟随我——成为你自己!你自己!"

现在，每当我注视着这样一种人，如同往昔一样，以下的一些语句就跳入了我的头脑："情欲总比禁欲主义和伪善要好得多；罪恶中的坦诚也比在道德传统中失去自我要好得多；一个自由之人可能是善良的或邪恶的，而一个不自由的人则是对其本性的一种羞辱，他无法与人分享那种神圣的或世俗的喜悦；最后，每个人要想获得自由都必须通过自己的努力，自由不会如一件奇妙的天赐之恩物，掉落在任何人的身上。"[1]

---

[1] 此处引自尼采自己的散文，最初发表于《一个不合时宜者的漫游》。

第十三章　要严肃地对待真理

关于真理的理解

我赞成一切可以答复的怀疑,"来,让我们试着检验下!"我不愿听到那些不能被实践检验的事情。

这就是我对真理的理解的下限。勇气在此失去了它的权力。

关于孤立的争辩

对良知的谴责,会使人一击即溃。当别人对你说:"这个或那个违背了你的社会道德!"即使是最有责任感的人,也很难对此一笑而过。即使世间最坚强的人,仍然害怕培养他成长的人给予的一个冷眼或一个讥笑。他真正害怕的到底是什么?那就是:变得孤立!我们常能看到这样的情节:为了某个人或某个动机,我们甚至可以推翻最好的论据。

这就是群居本能的一种呼唤。

要严肃地对待真理

要严肃地对待真理！人们对这个词语的理解有多么不同！

面对完全相同的论点、论据和论证，一位思想家可能认为极其无聊，他对自己曾经在这样或那样的场合中臣服于它，引以为耻。而当一位艺术家与之邂逅并共处了一段时间后，他自认已经学会真诚地对待真理，尽管作为一名艺术家，他同时也会表现出与之相反的真诚需求，但这足以令人钦佩。这样，一个人可能就会因为这种热诚的严肃性，而违背了他头脑中对于知识的一贯肤浅而轻率的要求——难道我们所看重的都在背叛我们吗？

这显示出动机的重要性，而我们往往却缺乏动机。

死后的成长

丰特奈尔在他那不朽的《死者对话录》一书中谈论道德问题时所采用的少数大胆的词句，在当时被视为是一种充满矛盾的隽语，以及略带机智的玩笑之语。即使是拥有最高品位和最智慧的头脑的裁判，也无法从中找出更多的意义来了，事实上，或许连作者自己也找不出来了。

如今，惊人的一幕发生了！这些想法都变成了真理！科学证实了它们！玩笑变得严肃起来了！当我们以一种有别于伏尔泰和赫尔威提斯[①]的感受来阅读这些对话的时候，就会不自觉地将作者的头脑提高到一种不同凡俗的、更高级别的行列中来。这究竟是对呢？还是错呢？

---

① 赫尔威提斯，法国百科全书编纂者。

我们真正害怕的到底是什么？那就是：变得孤立！

归因于三种错误的观念

近几个世纪以来,科学取得了巨大进步。原因之一是人们希望通过科学能更好地理解上帝的仁慈与智慧,这就是伟大的英国人(如牛顿①)的主要动机;原因之二是人们相信知识的绝对功用,尤其是道德、知识和幸福三者之间的密切关系,这是法国人(如伏尔泰②)的主要动机;原因之三则是人们认为可以从科学中找到那些无私的、无害的、能够自足的以及真正无邪的东西,使人性之恶毫无立足之地,这就是可以从知识中获得神圣感的斯宾诺莎③的主要动机。

总之,科学之所以如此进步,正因这三种错误的观念。

致现实主义者

你们这些头脑清醒的人,有谁准备好去全力反抗激情与幻想,并从一片空虚中创造出骄傲与荣耀?你自称为现实主义者,并暗示自己世界的真实就呈现于眼前。只有在你面前,真实才揭去它的面纱,而你也许是其中最好的一个组成部分。"哦,你亲爱的塞斯之形象!和那鱼儿比较起来,即使你揭去了自己的面纱,你不还是那个最热烈也最忧郁的个体吗?你不还是与那个热恋中的艺术家十分相似么?"

对于一个热恋中的艺术家而言,什么才是"真实"?对于较早时代中那些源于激情和爱恋的一切事物,你仍然持有较高的评

---

① 牛顿(1643—1727),英国物理学家、数学家、哲学家。
② 伏尔泰(1694—1778),法国思想家、文学家、哲学家。
③ 斯宾诺莎(1632—1677),荷兰哲学家。

价！你的清醒中仍包含着一种秘密而无法消除的醉态！你对"真实"的热爱，比如——哦，那是一种古老而过时的"爱"！在每一种体验中，每一个印象中，都存在着这种古老的"爱"。同时，还有一些幻想、偏见、荒谬、无知、恐惧等等都交织其中。

那座山就在那里！那片云也在那里！它们的"真实"又是什么呢？你这清醒的人，那就移走幻觉吧，即使整个人类都从中汲取力量！是的，如果你能做就做吧！只要你能忘掉你的出身、你的过往和你所受的教育，甚至是你所有的人性和兽性！

对我们而言，也许并没有所谓的"真实"——当然对你也没有，你这个清醒的人——我们彼此之间并不像你想象的那样疏远。也许，我们要超越醉酒的崇高意志，正和你认为自己永不会醉的信念一样，都同样地值得敬佩！

表象的意识

当我的目光将投向一切存在本体时，感觉是多么的美妙与新奇啊，同时也是多么的恐惧和啼笑皆非啊！我发现古代（包括原始社会及过去一切有知觉的年代）的人性和兽性，都能成为我叙述的对象，让我或爱或恨，有时还免不了进行猜想。

当我突然从这一梦幻中醒来，意识到自己是在做梦时，为了使自己免于毁灭，那我还必须继续将这个梦做下去，就像梦游患者必须一直做梦以免摔跤一样。

那么，我看到的"表象"是什么呢？当然不是任何存在的对立面——除了对其表象命名之外，对任何存在实体，我又能说出什么来呢？它当然不是一个僵硬的面具，可以扣在某个人身上再随意地取下来。对我而言，表象是积极而活跃的个体，带着对自我的一种嘲笑,它走到了今天。它甚至使我感觉到除了表象、幽火和心灵的舞蹈之外,整个世界别无他物。在所有的做梦者之中,即使是像我这样一个有见识的人,都耽于这种舞蹈不可自拔,那些后来才逐渐领悟的人们就更不用说了。他们都只不过是在拖延舞蹈的时间罢了。他们也因此成为存在本体的司仪之一。知识之间存在着一种令人惊叹的连贯性和互相关联性,这也许会是一种最高级的方式,保持着梦幻的普遍存在。那些对梦幻有着充分理解的人们,也因而持续地活在梦中。

仅仅作为一名创造者

当我意识到事物的命名竟然比事物本身还要重要得多时,这总会使我极度地苦恼。某件事的声望、名号、外表、价值以及通常的一些衡量尺度——它们往往在一开始就被随意地加以误解,而事物的本质却被弃如敝屣,最终得到的结果与其本质甚至表象都大相径庭——通过其内在的信念以及世代的苦壮成长,已逐渐破土而出,甚至成为其躯干。它们刚开始还只是事物的表象,到最后几乎成为事物的本质,或者就像本质一样产生有效的作用。

那些认为只要指出了事物的起源以及覆盖在上面的朦胧面纱,便足以毁灭这个真实的世界(也即所谓的"现实")的人们是多么的傻啊!但是我们也不要忘记:归根结底,只要我们能给某一事物创造出新的名称、外表以及评价,便能创造出所谓的"新鲜事物"出来。

两个辩论家

在这两个辩论家中,其中一个只有当他完全被激情所驱使时,才会充分显示其论据的合理性。也就是说,只有将充足的血液和热量灌输进他的头脑之后,才能促使他显露出自己的高智商。

另一个人的做法也大致相似。凭借着激情,他激动地用低沉而充满魅力的声音叙说着自己的理由——但往往都很失败。随即,他的叙说就变得晦涩和含混不清,他夸夸其谈、漏洞百出,甚至对论据的合理性也产生了怀疑。事实上,他自己也感觉到了这种怀疑。他的语调逐渐变得冷淡和令人反感,这些都使听众怀疑他所有的激情是否出自真诚。

在这个例子中,激情每时每刻都淹没着他的头脑——也许是因为他的激情比第一位辩论家更为猛烈吧。当他全力抵抗感情上的狂风暴雨并对之加以嘲弄时,他便达到了力量的顶点。此时他的头脑便完全离开了自己的藏身之所——这是一个讲究逻辑的,爱挖苦和戏谑的,也是个令人恐怖的头脑。

我们的惊讶

在一遍遍的审查之后,科学才会发现那些早已存在着的事物,并在此基础上,又源源不断地发现了更多的新事物。这一切都得益于运气——它对于我们的意义,可谓重大而深远。毕竟,一切完全可能成为另外一种情形。

的确,我们是如此深信不疑,包括一切不确定之事、荒诞不经的判断和永恒变化着的人类的法律与观念。但更令我们惊讶的是,人类据此得出的科学结果居然如此之好!

此前,人们对于世间事物的可变性可谓是一无所知。捆绑于道德之上的社会习俗则一直坚信:人类的整个内在生命必须被永恒的铁镣所固定。现在的人们也许会对这种看法表示惊奇吧！它就与我们听到小说和童话时的感觉雷同。这种不可思议感会对那些偶尔厌倦了规则与永恒事物的人们大有帮助。

离开坚实的大地一次吧！去飞翔吧！去犯错吧！去疯狂吧！——这些都是早期的欢乐与放纵。而我们现在的欢乐，则类似于一个船只失事的幸运者好不容易爬上了岸，当他双脚站立在坚实的大地上时所感受到的欣喜——一切终于不再上下颠簸了！

附　录

弗里德里希·威廉·尼采(1844—1900)主要生平

1844 年　出生于德国莱比锡附近的小镇
1864 年　就读于德国波恩大学
1865 年　转入莱比锡大学，研究古文献学
1869 年　任教于 Basel 大学
1879 年　因病辞职，四处为家
1889 年　开始精神错乱
1900 年　病逝，终身未婚

主要著作出版年份

1872 年　《悲剧的诞生》出版
1874 年　《不合时宜的沉思》出版
1881 年　《曙光》出版

1882年　《快乐的智慧》出版

1885年　《查拉图斯特拉如是说》出版

1886年　《超越善与恶》出版

1887年　《道德谱系》出版

1888年　《瓦格纳事件》《偶像的黄昏》《反基督者》
　　　　《看！这个人》等出版

代后记
新现代：一个人的文艺复兴和灵魂的黎明

陶　林

进入二十一世纪以来，世界有一个鲜明的变化，我们心中认为的"古典"已经作古，而津津乐道的"现代"和"后现代"诸多理念，一样在变成不可逆转的"传统"。仿佛正应和了波德莱尔的那句名言："现代性就是过渡、短暂、偶然，就是艺术的一半，另一半是永恒和不变。"当我们继续用批判古典传统的眼光，来打量那些曾经所谓的"现代"和"后现代"问题时，一样能发现诸多值得我们深思的未见之域。因为主持编译本书，我得以重新阅读尼采。在这一过程中，我栗然感受到这位现代思想先驱者的先见之明。多年以来，我习惯于把尼采看成一个满嘴疯言疯语的精神病人，偶尔提出了诸如"上帝死了"之类论断的狂人。但正如那些先知故事里经常搬演的情节那样,隔着一个对称的百余年时光,那位狂人的狂语,一旦对历史的变易加以印证,就会让人不由地肃然起敬。一个几乎被我们忽略的事实就是,通过尼采的小道,我们可以见证他对于整个二十世纪现代思想史的演绎和预言。我们惯常把尼采哲学的流传,看成是修辞学的胜利,是独树一帜和自我标榜的胜利,是纯粹美学的成功。而历史完全证明了这一点:尼采的卓越之处,不仅仅在于他的狂言妄语,而恰恰在于他时不时是正确的,具有一种直入要害的预见性。我把这种迟来的印证,称之为"尼采的直言不讳":他直言"一神"时代的没落,召唤"众神"时代的重生。倘若沿着尼采的思路去看,直到二十世纪中叶,人类的前现代文明依旧是传统"一神"世界的余晖,而二十世纪中叶以后至今的"后现代"状态,正是"众神"世界诞生的先驱。对照尼采,再来看看整个二十世纪以来的西方现代、后现代的思想家们,仿佛都生活在尼采那种直言不讳的言说的注脚中。

当我们把中国古典、全球的现代思潮以及后现代思潮,都看成过往的传统,那么毫无疑问,我们曾经热衷的新潮流,也在以极大的速度改变着自己的面貌。它们就像是杰克的魔豆,一个巨大的块茎,隐藏在热热闹闹的理论喧嚣的大地下,在人们斑驳迷离的摩登之梦中飞速地生长,把我们带入到那莫可名状的美好未来,并将在"历史的终结"之后,给予我们一片全新的美洲大陆。

新现代

就我个人阅读体验,整套尼采的思想,大致可以整理出一条清晰的思路:尼采通过"美"来打量人类,超越了现象之"真",以抵达意志的张扬和极乐。恰如我们所知的,尼采是一个以美学为主导的哲学家,他力图发展叔本华的哲学,同时拓展叔本华的结论,变悲观哲学为"快乐哲学"——可最为诡秘的是,强调悲观的叔本华活得倒挺长,奉行快乐的尼采,却在痛哭被鞭打老马的哀嚎声中走向了疯癫。对于叔本华,"悲观"因为人有意志的存在;而之于尼采,"快乐"是因为人的意志可以审美。尼采从叔本华未尽的道路上出发,打开了他那恢弘的、气象万千的言说之门。在尼采看来,人类的审美先于存在。尽管他无法以缜密的逻辑证明这个论点,但一定不妨碍他自然而然地拿着自己的断论作阐述,并且在激情洋溢的言辞中悄悄地说服他的读者。为此,他重新发掘了希腊古典神话的生命,并隆重推出"酒神精神"、"日神精神"两个"意志"的类型。简述之,酒神脱胎于玄虚的宗教仪式,是一种神秘超验的审美;日神则是理性与梦想之类人文精神的总和,是一种直观的、热烈的、富有生命力的审美。无论酒神精神还是日神精神,人们一旦开始审美,就会发现自身深深陷入叔本华式的悲观状态之中。在此基础上,悲剧得以诞生。在写于1872年的《悲剧的诞生》一书中,即将开始间歇发作癫狂的尼采,通过对古希腊悲剧艺术的研究,得出了重要论断:苏格拉底之类智者的诞生,用逻辑学和辩证法,用因果律和真理论,实质上扼杀了人类的审美,把悲剧精神引向了毁灭。

在尼采的眼中,这类被西方文化奉为圣贤的智者都是"贱民",是"一神"时代群氓暴力的代表。尼采强烈地反对苏格拉底的辩证法,反对逻各斯主义,实质上反对因果律统辖的世界,对一个世界的可能性的排除,只清理出一条最接近于"真理"的道路来。这条道路在"爱智慧"的苏格拉底之后,既没有表现出爱,也没有表现为智慧,而走向了它的反面,就是对超级道德化身的"一神"崇拜。基督神用救赎哲学、强烈的美感获取了过度世俗化的肉体。然而越到后来,他们就越完全依赖言说而存在,他们言说与其说指向真理,毋宁说指向道德。紧随悲剧精神消亡的,是道德谱系的诞生,基督教偶像的升起,道德的话语权力变成了权力的话语。如此,智者言说开始变成了一种雄辩的谎言,通向未来的巴别塔轰然倒塌,人们开始了无尽的堕落。在尼采看来,西方的这种堕落在文艺复兴时代以来,获得了扭转,古老的悲剧慢慢获得重生(在尼采看来,悲剧意识的最高阶段,就是德国古典音乐的兴起,他尤其推崇贝多芬、瓦格纳,他们的音乐让他直接感受了意志的轰鸣)。他自称为"敌基督"者,同时却又哀叹"上帝死了"——实质上,他是深刻的"敌苏格拉底者",对诸如辩证法、因果律和真理统辖的世界大不以为然。那是一个依赖于语言而非直感的世界,在其中,谎言和事实只有一步之遥,真理之神可能满嘴谰言,而那个边缘的、带着异族先知查拉图斯特拉面具的哲学家倒有可能道出诚实的奥义。从这一点的意义上来说,尼采和老庄思想很像,力主审美人生观,对雄辩语言和圣人道德深深质疑,喜欢借诸如查拉图斯特拉这样的边缘人(畸零人)之口直抒己见,对太过于自负的智慧(庄子所谓"机心")都充满了警惕等等。

  在此,我无意于大段为尼采的思想背书,仅仅是意欲续先驱之神思,自述一孔之所见。在尼采恣意思考的年代,人类面向现代性和现代世界的经验算不得很充沛。我看来,在《悲剧的诞生》之中,尼采已经先见悲剧重新诞生的时代笼罩在人群头上的两种命运:一种是俄狄浦斯式的命运,一种是哈姆雷特式的命运。前者可以用之象征我们的"前现代"阶段,一旦踏上现代之路,所有的民族都将告别原乡,依靠各自发达的智能,开始了各自的俄狄浦斯命运之旅。比如猜破斯芬克司之谜,重思"我是谁,要去哪",比如对旧有道德秩序的背弃,转向现代自由的伦理(这便是"乱伦"),最终现代性能够以"历史潮流"的名义,为俄狄浦斯加冕。在这整个过程当中,俄狄浦斯都是胜利的、乐观的、进取的、美好的。可唯独那结局是崩溃的,俄狄浦斯遭受了太过于聪明而自负于自我力量的惩罚。这种命运的隐喻,折射于前现代的历史,就是人类开始发现新大陆,不断地进行工业和社会革命,一步步走向世界大战,一步步走向极权专制,走向集中营、劳改营的历史进程。在这一进程中,那些语言天分高超,貌似聪明绝伦的哲人(诸如黑格尔)取代了上帝,忠实于直感、坚守美学立场的哲人则被流放,被逼疯,被边缘化,被打上卡珊德拉的烙印驱逐出人群。

在"前现代"和"后现代"交替之际,人类对剧烈变革的前现代痛定思痛,与此同时,又走向了一种哈姆雷特式命运。这种命运的典型特征,是想得很多,而行动拖沓。在前现代文明中,人们信仰"智能"为王,强调严丝合缝的设计,从工业新产品,到人们的生活方式,人们认为无一不可以"完美"地、先验地设计出来。"智者"们曾高呼道:"不在于思考世界,而在于改变世界。"随之而来的历史的失控,宣告了那些用辩证法和逻各斯左右世界的"智者"们的无能为力。于是,后现代的思想家们转入一种无限的焦虑和拖沓当中,正像是莎翁笔下的哈姆雷特一样。因为对行动确定性的焦虑,后现代的思想者们言说得太过于繁盛了,林林总总、千奇百怪、蔚为大观的后现代理论思潮,令人眼花缭乱。可是与此同时,人们面临的世界和做法却一如既往的那样简单。如熊彼得在二十世纪初的洞见，真正左右世界的，只是很少的一点智慧，世界依然会按照简单的暴力法则运行。包括法西斯在内的现代极权的兴起，就是这简单、暴力、残酷世界的真谛，相形之下，思虑过多的后现代哈姆雷特们，永远只能跟在一波波技术革新的浪潮后面作极其直观而肤浅的"器道"阐释。

也恰如哈姆雷特在毒药入腹发作的最后关头，才有所行动，刺出一剑令其叔叔毙命那么简单；人们打破历史僵局的，并不在于现代和后现代理论传播得如何深入人心，普遍在认识上多么"现代化"、"后现代化"了。那最致命的一击，恰恰来自"器道"关键性的演进——信息化浪潮的革命性进步，诸如现代通信、交通物流网络的构建、互联网技术的兴起等等。特别是互联网的自由空间，令现代性曾赖以确立和传播，如今已经被消费主义高度"异化"了的报刊、影视传媒黯然失色。而且，互联网更接近于现代理想的本质，移动互联，可穿戴、嵌入互联设备将重新定义"自由人的自由联合"。那种理论界喧嚣布施的"后现代时代"，诸如世界无限制走向破碎与解构、走向熵的进程，也将因此而终结，俄狄浦斯命运和哈姆雷特命运交替左右着现代、后现代的历史进程。在前现代时代，人们强调设计，强调现代；在后现代状态里，人们强调"还原"，回到事物本身。现代性本身的发生，是足够令人侧目的一个历史性胜利，而后现代的发生，则带来了绵延—循环历史的终结。在现代之前，任何一种崭新理念（包括希腊哲学、基督教哲学和东方的儒家礼教等），都没有对古老的自然经济产生多少影响。所有依托于暴力的权力话语，只是草草安排了人们一种粗糙的灵魂状态，人们依旧是遵循着古老的自然法则生活。而现代自由市场经济的兴起，和全球贸易的联结，全球资本分工交换，是巨大变化的真正动力所系。时而至今,依旧在冲洗着我们对传统的念念不忘,一点点地断绝到任何一条我们力图走回过去的道路。这就是现代性启航之后,最为显著的、排山倒海的力量。

恰如现代市场经济所依赖的自由市场主义信念一样,现代性思想整体其实也是一种信仰。现代性曾以暴力的方式终结了传统,人们对现代性不断地处于"眩晕"的状态中,层出不穷的器道,让人们产生比既往更为强烈的"物理"性崇拜。与之相应的文艺作品,也展示出相应的面貌。现代潮流的经典,如陀思妥耶夫斯基的作品,波德莱尔的作品,乔伊斯的作品,卡夫卡的作品等等,充满了与古典悲剧比肩的重大力量,大气磅礴,并在实质上大多充满了古典悲剧色彩。在文艺沿着后现代潮流前进的时代,则多元迸发,姿态万千。但与此同时,思虑过多的毛病,同样展露无遗:经典写作法则被消解,变成一种"随便怎样都可以"的写作游戏——如今,这种游戏的诸种玩法,也快走到技术主义的末路。于是,整个文艺连同我们的内心,全球时代的现代人,面临着一个比既往历史时代更深刻的何去何从的问题。

在二十世纪中叶以来,无数的苏格拉底式的现代智者,依然在费尽心思地进行着整体性的思考,不断给现代性以诸多说法上的延续,而那些反对苏格拉底立场的智者,也已经穷尽了后现代的诸种游戏的可能性。但无论正方还是反方,都逐渐走向了云端,远远离开了生存的现场。如今,形而上学家们,自认道载世界的智者们,同样品尝到了百余年来美学家们那样被边缘化、被放逐的滋味。或者,这足以证明了,本来,他们就不应该站在观念世界的中心位置。

全球的现代化工程完成了基础的建设(或者如某些后现代学

者所谓的"全球殖民"),像逐步拥有了自我的生命一样,它在自给自足地生长着,像巨大的块茎,顶起千座高原。人群被日渐紧密地联结成一个整体,人们互相之间有更多的交往,人们的命运比历史任何时期更为紧密地相联系。不同国家、不同民族的现代化竞争方式得以转变,那种赤裸裸地拳脚相加的暴力由于成本高昂而显得愈发不合时宜。

经历过"后现代"的洗礼和光阴的变迁,现代性至少已经摈弃了弱肉强食的社会达尔文主义,摈弃了"先进——落后"的绝对对立,摈弃了真理神、技术神的崇拜与统治……一轮新现代的曙光正喷薄而出——或者,用尼采的意象来说:那将是一抹"新现代"的朝霞。

一个人的文艺复兴

延续尼采一百多年前那良好的感觉,我心中之所谓"新现代",并非预告一种截然异质的新思想、新文化潮流的迸发,而仅仅是指现代性潮流在我们目所能见的当下,将呈现出的不同面貌。

我们熟知,现代性的产生,为的是求人的解放。作为现代信仰之一,启蒙时代的思想家们,非常肯定地向我们传达这一信念,人的自由,是现代伦理的核心。然而,随着现代化的深入,机械、生硬的现代大生产,一度让文艺复兴时代以来逐渐苏醒的"人"陷入一种被深深异化的尴尬境地。异化无处不在,人本身被放逐,被异化,被碎片化。后现代兴起的文化游戏,全面地表达了人的支离破碎状态。这个支离破碎的"人",是人们对大工业生产时代异化了的个人的否定。我心目中所谓"新现代"发展的潮流,无疑就是要将这样原子化、单维化、空心化、异化的个体碎片,再度捏塑起来,形成一个具有新现代灵魂的个体。这并非是一场历史的游戏,有关一个人的悲剧时代将重新到来。

在历史上第一次的"文艺复兴"时代当中,人再次意识到了自我的存在。不过,那次的觉悟,是一次乐观的、快乐的觉悟,人一下子认识到了自己无所不在的能力。从中世纪阴郁的道德神统治中解放出来,人之本性获得了张扬,人之本智获得了解放,人之本善更促进了复兴的降临。现代造纸和印刷技术的发展,使得欧洲腹地上人们的认知获得了文字发明后的第二次新的释放。各种口语版本的《圣经》广泛流传,催生了现代诗学能够在大量流传的纸张上启迪更多天才的智慧。更多的大师产生,更多元的优秀作品诞生并流传。一个文化的春天,就此拉开序幕。

观察上一次的文艺复兴,我们要看到,它是在一个物质极度贫乏的历史条件中拉开序幕的。人们在生存大于存在的窘迫中,挥洒着人性自由的光辉。现代潮流在"器道"上的恣意,很快把这份灵光一现带到了一个神鬼莫测的境地。乐观的文化春天因为人群的物欲而改变,变成了几个世纪现代性的暴力变革、融合、扩张、殖民、纷争……瘟疫不能造就的死亡与毁灭景象,现代性高性能地造就出来了。世界换了个样子,可是人的灵魂却由龙种到跳蚤,喜剧时代的乐观诗学变成了彻头彻尾的黑色幽默。在一片"后现代"的嘘声中,人的灵魂整体性的自信因此而支离破碎。这一过程至今并未止息,但新的可能性在其中充分孕育。

实质上,现代性的基因缺陷在于,现代技术问题从未解决人的灵魂困境问题。后现代自然更无可能。文艺复兴时代的大师们,无论是但丁、莎士比亚还是塞万提斯,及至后来的托尔斯泰,人文主义者永远是怀疑者、发问者。人们可以追随达·芬奇的步伐，精心、稳妥、有条不紊地设计出一个"莱昂纳多的世界"，却无法稳妥地安置日渐混乱的内心和灵魂——这点，恰如爱因斯坦在阅读卡夫卡的小说后感叹的："科学家的头脑没这么复杂。"人们在现代潮流中发出了如此之多的问题，却很难在汹涌的物质潮涌中静心加以回答——那些清教徒们即使要上天堂，也要充分去追寻人间的幸福。这种伦理，实际上适用于一切的现代人。

在上帝被驱逐了之后，大写的"人"被颂扬，实质上却是一种化身为个体的群体，成为了历史的主角，或者说"英雄"。文艺复兴时代以来，所有文艺大师的笔下，一个人是所有的人，哈姆雷特代表了所有人的哈姆雷特，堂·吉诃德代表了所有人的堂·吉诃德。它们共同隶属于一个神话，成为代替古典神话里赫克托耳或者尤利西斯的现代神话英雄。现代神话里的伪神宙斯，则是由一大群智者打造出来的。他们是现代的苏格拉底，用一个真理和体系笼罩全体人群的语言狂人，有理性和冷静的疯狂。谢天谢地，经历过"后现代"的洗礼后，这些被尼采鄙视的"贱民"思想的信者已经越来越少了。（当然，世界也不可能如此的绝对，在朝鲜这样的国家里，极权一样在扮演着"真理神"的角色，这充分暴露了现代神话虚妄背后的支撑，是赤裸裸的原始暴力。恰如汉娜·阿伦特的判断，真理意味着暴力。）

到了二十世纪，西方存在主义思潮的兴起，从某种意义上来讲，就是对那些文艺复兴时代的问题进行回答。这种回答具有还原性，有归根溯源的意味，比照日渐发达的"现代"理论言说，显得落后不堪。但它是老老实实的言说，人的存在先于本质，人被抛掷在世间，人被存在的忧烦和无聊所包围。在这种回答里，一种变化产生了,不再有"一个人是所有人"的高亢,只有"所有人是一个人"的絮语。这种转变,不仅仅是提醒人们"人总是要死的",而且告诉人们一个事实"一个人必须背负起自身全部的存在"。人其实并非神话里的英雄们,一个人其实是存在的囚徒,是推石头上山的西西弗斯。仅此而已。现代潮流,让人们看到,个人其实前所未有地孤独,前所未有地处境艰难,丝毫没有任何积极的乐观。这就是新现代状态下,一个人重获悲剧意识的起点,因存在而起的悲剧意识。

恰如尼采所判断的,悲剧是古希腊文明的基座。因为古老的悲剧,那种模糊、混沌、含混但又高度强烈的象征意义,古希腊人才能极富有美感,以极其文明的方式生活着、发展着。悲剧终结,希腊文明也走向了终结。古罗马继承了古希腊的智慧文明,却无法继承古希腊的悲剧意识,因此,我们可以从古罗马听到"崇高"、"人是万物尺度"的论调,却无法得知罗马人对人的处境的深思。紧随其后,基督教文化的兴起,把形而上、道德化的人钉在了十字架上。人们跟随那些苏格拉底式智者化身的传教士,他们却把身后的人们带往愚昧的黑暗。这种传教士的身影,在今天依然若影若现。

如今,所有一个人的兴起,带来了大众的狂欢,乌合之众的泛滥。这并不糟糕。相反,它代表了个人灵魂前所未有的生机勃勃。如尼采所论,通过秘仪的狂欢,悲剧才会搬演。未来的新现代,一方面要沿着后现代狂欢,解构掉建立在言语基础上的历史之重;另一方面要祛除存在之蔽,返回自我和灵魂本身。前者有赖于互联网这样的新工具来潜移默化,是大环境的"天命";而后者则是一个人自身的命运,自我的选择,尽管无论做哪一种选择,都是悲剧性的,无法逃脱存在无所不在的枷锁。但是,人真的可以让美稍稍地停留。从这个意义上来说,新现代就是一个人的悲剧兴起的时代,所有的人将是一个人。所有人的历史终结了,而一个人的新时空将要开始,未来将是一个人的文艺复兴时代,所有的文艺复兴,都是一个人的复兴。在存在中的每个人,独自承担这个世界,回答那些曾经属于人群、属于智者的问题,写下个人迥异却卓绝的诗篇,未来世界的丰富多彩又和谐统一的程度,将是名为"历史"的时代所无可比拟的。

灵魂的黎明

前现代时代是一个话语偶像纷纷树立,紧接着又纷纷崩塌的时代。既往的,为群体所设计的等级道德秩序被彻底破坏,为个人所设计的现代道德秩序在崛起。传统的"一个所有人"的神祇,被"所有一个人"的众神所取代,但与之悖反的是,人和人将比历史上任何时代联结得更加紧密。这种变异的暴烈程度,在二十世纪达到了巅峰。尼采在宣布"上帝死了"之时,完全忽略了魔鬼还活着;他看到了偶像的黄昏,但没有看到偶像的影子可以在身后一百年拖得那么长,足以遮蔽任何他期待的日神精神的光照。

然而,二十世纪毕竟已经过去了,或者说在二十世纪八十年代"冷战"终结之后,就提前结束了。偶像穿过黄昏,走向了没落。然而,二十世纪的结束,并未见得是二十一世纪的开始。二十一世纪初期的平静、平庸和乏味,可以同中世纪最初的几百年相提并论。在偶像的黄昏之后,我们等待灵魂的黎明。

我之所谓"灵魂",并不是单指称人的认识、精神、意志……而是言及人的全新综合,在固有言语秩序之外的全部,是人的新的综合。事实上,人群是不存在灵魂问题的,人在人群中根本不会拥有自我,更何谈灵魂。只有一个人面对整个世界时,对其而言,才是能触碰到灵魂的。宇宙很大,其意义并不外乎一个人之中。也只有一个人,才会拥有灵魂,在沉重的肉身之外,无限寻求现实处境之外无限的可能性。

既往历史时代,所谓人的"个性",仅仅是人在人群中心理学的区分标志。现代性以解放人为矢的,但漫长的几百年没有产生个人,仅仅造就了标准化的现代公民个体。后现代主义的兴起,阻隔住了现代性过于繁盛的言说。后现代思潮毫无顾惜地击碎了这些标准化的个体,一点点排除物世界对人自由的侵扰,特别是那极其沉重的现代性之重对人的奴役。恰如叔本华指出的,人生而为愉悦而活,却处于无往不在的痛苦中。后现代卓有成效的解构之痛,是一个人自我救赎的起点。

人的生活世界,被太多物自体的喧嚣给主导。尼采一直强调要倾听意志的声音,因此他当年做出的判断是悲剧的重生将来自于现代音乐,而消费主义很快就令音乐也发生了变异。近来,西方强调建构心灵哲学,然而它的起点是严密的现代心理学和精神分析。这就好像上帝给人类开了一个玩笑,冰冷的审视,取代了灵魂的自省与审美。人们可以想象到那莫可名状的潜意识里性的本能,却不肯相信人类爱美、审美的直觉天性。这就是科学,同时是最为有趣的唯物诗学。

历史的有趣之处在于,在以科学为主题的时代,实质引导技术进步的并非智者所谓的设想严密控制、严格规划。实质上,技术文明一直以来与机械进化论无关,都是应用战胜了设计、兴趣代替了控制的结果。一个真正的数学家、物理学家、化学家,或者优秀的工程师、设计师、建筑师的眼中世界,跟逻各斯专家陈述的世界完全不相干。他们未必有雄心用语言陈述一个完全有体系的、控制严整的、运行精密的体系,更不会对自己创生的体系产生信仰。他们的研究、发现、创新、工程和工艺进步,对其个人而言,都充满了艺术的魅惑。他们把自己的创造,更多看成是艺术品,是诗篇,是自我灵魂诗学的投射,而无关物世界的无限合理性。在此之外,他们如维特根斯坦所说的,凡是不能说的,都保持着沉默。

对比这些艺术大师的沉默不语,自二十世纪中叶以来,人们言说的世界,遭受前所未有的极为严重的质疑,普遍误读、改写和演绎被揭示出来。恰如诸如德里达这样的大师所愿,很多时髦并喧嚣一时的现代和后现代理论,实质上在慢慢变成一种纯粹的语言游戏。大众更多愿意凭借直观,而不是通过厚重的现代语言之幕去窥视这个疑点重重的世界。语言世界在彻底地堕落。大众不需要我思故我在的世界,更不需要我说故我在的世界,大众只需要一个人自在的世界。

我们善于在因果律的牢笼里徘徊,但实际上,并不是煌煌的现代和后现代思想诞生了诸如蒸汽机、电动机、内燃机或者电子信息技术和互联网络技术等。没有那些煌煌的思想,这些技术一样会问世,并带着发明者的善意与美好,极大地改变了人们的生活。但这些貌似不经意的技术,完全提供了让这些理念深入灵魂的可能性。

未来的新现代潮流,与现代和后现代的一个重大区别正在于:现代性是设计因素的,后现代性是破坏与重构因素的,新现代将是生长因素的。在新的现代性富有生机的氛围里,一个人的悲剧获得重生的契机,同时,一种崭新而丰富的灵魂诗学原则将崛起。人们将告别一小群"专家"的世界,迎来一大群"诗人"诞生的世界。人们可以很自信地说"智慧胜过一切",也可以相信"美感胜过一切",那就是新现代,那就是一个人的文艺复兴与灵魂黎明的时代。

2014 年 8 月 8 日